JN050752

中学基礎がため100%

できた！中3英語

文法

KUMON

「文法」「単語・読解」を相互に関連づけられる2冊構成

本シリーズは，十分な学習量によるくり返し学習を大切にしているので，「文法」「単語・読解」の2冊構成となっています。「文法」を完全なものにするためにも2冊そろえての学習をおすすめします。

① 〈解説〉を読んで 重要事項を理解
各回の最初は，基本例文を交えた重要事項の説明になっています。まずはここを読んで大切なことをおさえておきましょう。

② 「最重要文の練習」で 基本例文を練習
重要な基本英文を書いて覚えましょう。うすい字はなぞります。ここだけ見直せば，重要英文集になります。

③ 「ポイント確認ドリル」で 基本の確認
基本中の基本を，やさしいドリルを通して確認します。できた問題は，□にチェックを入れましょう。

④ 〈書きこみ式ドリル〉で トレーニング
やさしい問題から難しい問題へ，くもん独自のステップで，文法の力がしっかり身につきます。

① 解説　② 最重要文の練習　③ ポイント確認ドリル

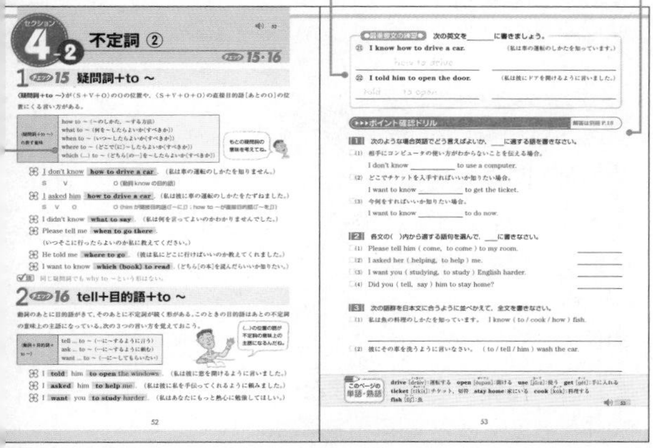

④〈書き込み式ドリル〉1回分は見開き2ページで100点満点

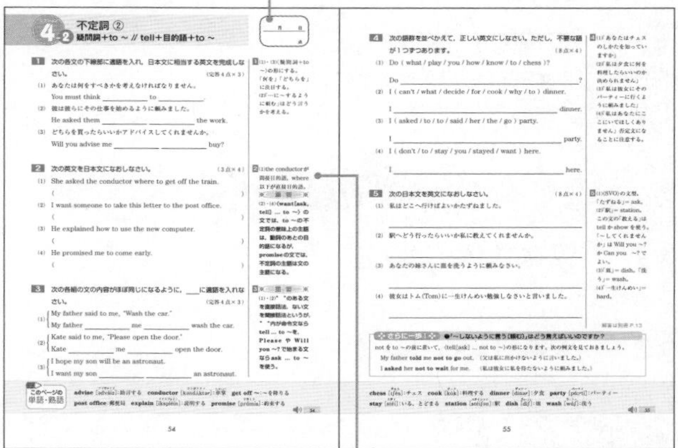

問題を解くためのヒントは，問題が解けない時や，答えがわからなかったときに，解答書と合わせて利用しましょう。

まとめのテスト ・・・1つ，もしくは複数のセクションをまとめて復習するテストです。

総合テスト ・・・1年分の確認テストです。1年間の成果を試しましょう。

〈解説〉の の英文と，このページの単語・熟語「単語・熟語」の音声を聞くことができます。

各ページを学習しながら，または学習した後に，音声を確認するようにしましょう。音声を聞くこと，さらに音読することで，学習効果が高まります。

「②最重要文の練習」で学ぶ全①〜54の英文も，1 で聞くことができます。音声学習を加えることで，重要文がより身につくでしょう。

音声の聞き方

1. 音声アプリ きくもん をダウンロード
・くもん出版アプリガイドページへ
→ 各ストアからダウンロード
シリアルコード 9784774331133

2. くもん出版のサイトから，音声ファイルをダウンロード

＼テスト前に，4択問題で最終チェック！／
テスト前 5科4択 **4択問題アプリ「中学基礎100」**
・くもん出版アプリガイドページへ
→ 各ストアからダウンロード
「中3英語 文法」パスワード 3547628

※「きくもん」，「中学基礎100」アプリは無料ですが，ネット接続の際の通話料金は別途発生いたします。

もくじ　中3英語 文法

本書のマーク

チェック1　重要な項目ごとに，1から42まで通し番号をつけ，問題のページや解答書，『中3 単語・読解』からフィードバックできるようになっています。

基本例文

参考　文法の内容に関連して覚えておいたほうがよいことです。

5　と　このページの単語・熟語　では音声を聞くことができます。数字はページ番号です。

✓注　まちがえやすい点や注意すべきことです。

☞チェック1　ほかのセクションにわたる文法事項も，このチェック番号から解説ページにもどって整理できます。復習に利用しましょう。

重要　英語の表現で特に重要なことです。

「教科書との内容対応表」から、
自分の教科書の部分を切りとって
ここにはりつけ、勉強をするときの
ページ合わせに活用してください。

中1·2英語の復習テスト①

月　日

点

解答は別冊 P.2

1 次の左端の語の下線部の発音と同じ発音を含むものを選び，その記号に○をつけなさい。

（2点×5）

1	arrive	（ア little	イ milk	ウ find	エ river	）
2	able	（ア father	イ place	ウ basket	エ want	）
3	liked	（ア stopped	イ played	ウ needed	エ cried	）
4	close	（ア come	イ month	ウ box	エ open	）
5	easy	（ア bread	イ speak	ウ break	エ breakfast	）

2 次のＡＢとＣＤの関係がほぼ同じになるように，Ｄに適語を入れなさい。（2点×6）

	A	B	C	D
1	come	came	go	________
2	fast	faster	well	________
3	much	many	little	________
4	see	seen	hear	________
5	go	going	swim	________
6	England	English	China	________

3 次の英文の下線部に適語を入れ，日本文に相当する英文を完成しなさい。（完答4点×5）

1 彼はその本を読むのをやめました。

He stopped ________ the book.

2 私の妹は台所で皿を洗っていました。

My sister ________ ________ the dishes in the kitchen.

3 この本のほうがあの本よりも有名です。

This book is ________ ________ than that one.

4 10分前には部屋に何人かの生徒がいました。

________ ________ some students in the room ten minutes ago.

5 私はその知らせを聞いてとても驚きました。

I was very surprised ________ ________ the news.

4 次の英文の下線部に適語を入れ，問答文を完成しなさい。 （完答4点×5）

1 __________ you have a good time in Tokyo?

—— Yes, I did.

2 __________ __________ balls do you see in the box?

—— I see four.

3 __________ I study now?

—— No, you don't have to.

4 __________ is taller, you or your father?

—— My father is.

5 __________ you in New York last week?

—— No, I wasn't. I was in San Francisco.

5 次の英文を〔 〕内の指示にしたがって書きかえなさい。 （5点×4）

1 You are kind to old people. 〔命令文に〕

____

2 A lot of people visited the temple last year. 〔受動態の文に〕

____

3 The baby is able to walk. 〔文末に soon を置き，will を使って未来の文に〕

____

4 Tom was reading <u>an interesting book</u> then. 〔下線部をたずねる疑問文に〕

____

6 次の日本文を英文になおしなさい。 （6点×3）

1 私は今日しなければならない宿題がたくさんあります。

____

2 私はあなたにこの辞書をあげましょう。

____

3 この問題はあの問題ほど難しくありません。

____

中1・2英語の復習テスト②

月	日
	点

解答は別冊 P.2

1 次の左端の語の下線部の発音と同じ発音を含むものを選び，その記号に○をつけなさい。

（2点×5）

1	country	（ア enough	イ about	ウ know	エ bought ）
2	water	（ア happy	イ famous	ウ tall	エ animal ）
3	month	（ア they	イ that	ウ weather	エ thing ）
4	park	（ア first	イ start	ウ warm	エ third ）
5	reach	（ア great	イ says	ウ ready	エ beach ）

2 次のＡＢとＣＤの関係がほぼ同じになるように，Ｄに適語を入れなさい。（2点×6）

	A	B	C	D
1	child	children	tooth	＿＿＿＿＿＿
2	long	short	difficult	＿＿＿＿＿＿
3	is not	isn't	will not	＿＿＿＿＿＿
4	prettier	prettiest	better	＿＿＿＿＿＿
5	give	given	take	＿＿＿＿＿＿
6	hear	here	right	＿＿＿＿＿＿

3 次の英文の下線部に適語を入れ，日本文に相当する英文を完成しなさい。（完答4点×5）

1 私はオレンジよりもリンゴのほうが好きです。

I like apples ＿＿＿＿＿＿ ＿＿＿＿＿＿ oranges.

2 彼女はそのとき悲しそうには見えませんでした。

She ＿＿＿＿＿＿ ＿＿＿＿＿＿ sad then.

3 彼には友だちもお金もほとんどありませんでした。

He had ＿＿＿＿＿＿ friends and ＿＿＿＿＿＿ money.

4 私はコーヒーを１杯飲みたい。

I want to drink a ＿＿＿＿＿＿ ＿＿＿＿＿＿ coffee.

5 彼女は病気だったので学校を休みました。

She was absent from school ＿＿＿＿＿＿ she was sick.

4 次の英文の下線部に適語を入れ，問答文を完成しなさい。（完答４点×５）

1 ＿＿＿＿＿ there any books on the shelf?

—— Yes, ＿＿＿＿＿ are.

2 ＿＿＿＿＿ is going to visit the museum?

—— Mary and I are.

3 ＿＿＿＿＿ English spoken in this country?

—— No, it isn't.

4 ＿＿＿＿＿ is larger, the sun or the moon?

—— The sun is.

5 ＿＿＿＿＿ I help you, sir?

—— Yes. I'd ＿＿＿＿＿ to see Mr. Nakamura.

5 次の英文を〔　〕内の指示にしたがって書きかえなさい。（５点×４）

1 Tom didn't make the doghouse. 〔受動態の文に〕

＿＿＿＿＿＿＿＿＿＿＿＿＿＿＿＿＿＿＿＿

2 We will leave early tomorrow morning. 〔be 動詞を用いて同じ内容の文に〕

＿＿＿＿＿＿＿＿＿＿＿＿＿＿＿＿＿＿＿＿

3 This new tower is higher than any other tower in Japan. 〔同じ内容を最上級で〕

＿＿＿＿＿＿＿＿＿＿＿＿＿＿＿＿＿＿＿＿

4 He bought her a new hat. 〔前置詞を用いて同じ内容の文に〕

＿＿＿＿＿＿＿＿＿＿＿＿＿＿＿＿＿＿＿＿

6 次の日本文を英文になおしなさい。（６点×３）

1 正(ただし)は英語を勉強するためにアメリカへ行きました。

＿＿＿＿＿＿＿＿＿＿＿＿＿＿＿＿＿＿＿＿

2 私は昨日その車を洗わなければなりませんでした。

＿＿＿＿＿＿＿＿＿＿＿＿＿＿＿＿＿＿＿＿

3 私はすべての教科(subject)の中で英語がいちばん好きです。

＿＿＿＿＿＿＿＿＿＿＿＿＿＿＿＿＿＿＿＿

現在完了 ①

チェック 1・2

1 チェック1 「経験」の肯定文

動詞の部分が**〈have[has]＋過去分詞〉**の形を現在完了といい，過去の動作・状態が現在と何らかの関連があることを示す。「経験」・「継続」・「完了・結果」の3つの用法に分類できる。

「経験」は**「～したことがある」**の意味を表す。過去のことが現在でもその経験として残っていることを表している。

- I **have seen** him before.（私は以前彼を見たことがあります。）

〈have＋過去分詞〉：主語が3人称・単数ならhas

- He **has visited** Kyoto twice.（彼は京都を2回訪れたことがあります。）

「経験」の用法で，**〈have[has] been to ～〉**は「～へ行ったことがある」の意味を表す。

- I **have been to** England once.（私は英国へ1度行ったことがあります。）

「経験」によく用いられる副詞語句	before（以前）　once（1度）　twice（2度）　～ times（～度[← 3度以上に]） many times（何回も）　often（しばしば）　sometimes（ときどき）

2 チェック2 「経験」の否定文・疑問文

1 「経験」の否定文

「一度も～したことがない」という「経験」の否定文は**〈have[has]＋never＋過去分詞〉**で表す。

- I **have *never* seen** the animal.（私はその動物を一度も見たことがありません。）
- I **have *never* been** sick in my life.（私はこれまで病気になったことがありません。）
- I **have *never* been** to China.（私は一度も中国へ行ったことがありません。）

2 「経験」の疑問文

have[has]を主語の前に出す。「今まで(に)，これまで(に)」の意味の **ever** を過去分詞の前につけることが多く，**〈Have[Has]＋主語＋ever＋過去分詞 ～?〉**の形になる。答えにもhave[has]を使う。

- **Have** you ***ever* seen** the picture?（あなたは今までにその絵を見たことがありますか。）

　―― Yes, I **have**.（はい，あります。）
　　　No, I **haven't[have not]**. / No, I ***never* have**.（いいえ，ありません。）

「何回～ありますか」と回数をたずねるには，How many times か How often を使う。

- ***How many times* have** you **climbed** Mt. Fuji?（あなたは富士山に何回登ったことがありますか。）

　―― I **have climbed** it only ***once***.（1回しかありません。）

●最重要文の練習● 次の英文を＿＿＿に書きましょう。

① **I have seen him before.** （私は以前彼を見たことがあります。）

have seen ＿＿＿＿＿＿＿＿ ＿＿＿＿＿＿＿＿

② **I have never seen it.** （私はそれを一度も見たことがありません。）

have never seen ＿＿＿＿＿＿＿＿ ＿＿＿＿＿＿＿＿

▶▶▶ポイント確認ドリル

解答は別冊 P.2・3

1 次の動詞の過去分詞を書きなさい。

□(1) use ＿＿＿＿＿＿　□(2) know ＿＿＿＿＿＿

□(3) have ＿＿＿＿＿＿　□(4) read ＿＿＿＿＿＿

□(5) be ＿＿＿＿＿＿　□(6) eat ＿＿＿＿＿＿

□(7) hear ＿＿＿＿＿＿　□(8) see ＿＿＿＿＿＿

□(9) write ＿＿＿＿＿＿　□(10) teach ＿＿＿＿＿＿

□(11) visit ＿＿＿＿＿＿　□(12) speak ＿＿＿＿＿＿

2 次の各文の（ ）内から適する語を選んで，＿＿に書きなさい。

□(1) I (have, has) climbed the mountain before. ＿＿＿＿＿＿

□(2) She (have, has) climbed the mountain twice. ＿＿＿＿＿＿

□(3) We have (ever, never) climbed the mountain. ＿＿＿＿＿＿

□(4) Have you (ever, before) climbed the mountain? ＿＿＿＿＿＿

3 次の語群を日本文に合うように並べかえて，全文を書きなさい。

□(1) 私はその都市を２回訪れたことがあります。 I (the / visited / have / city) twice.

＿＿＿＿＿＿＿＿＿＿＿＿＿＿＿＿＿＿＿＿

□(2) 私はその少年を一度も見たことがありません。 I (seen / have / never) the boy.

＿＿＿＿＿＿＿＿＿＿＿＿＿＿＿＿＿＿＿＿

このページの単語・熟語

use [jú:z]（ユーズ）:使う　**hear** [híər]（ヒア）:聞く，聞こえる　**teach** [tí:tʃ]（ティーチ）:教える

speak [spí:k]（スピーク）:話す　**climb** [kláim]（クライム）:登る　**city** [síti]（スィティ）:都市　**boy** [bɔ́i]（ボイ）:少年，男の子

9

現在完了 ①

「経験」の肯定文 // 「経験」の否定文・疑問文

月　　日

点

1 下線部に適する動詞を右から選び，過去分詞にして書きなさい。同じ語は２度使わないこと。（２点×６）

(1) I have ______ the book many times.
(2) Ken has often ______ New York.
(3) I have ______ about the man before.
(4) I have ______ to Nara once.
(5) I have ______ golf with him once.
(6) They have often ______ Mt. Asama.

climb / be / read / play / hear / visit

2 次の英文を日本文になおしなさい。（３点×４）

(1) I have seen that man somewhere before.
(　　　　　　　　)
(2) My father has been to Germany on business before.
(　　　　　　　　)
(3) Have you ever seen a white elephant? —— No, I haven't.
(　　　　　　　　)
(4) I have never seen such a beautiful sunset.
(　　　　　　　　)

3 ___に適語を入れて，問答文を完成しなさい。（完答４点×３）

(1) Has Tom ever talked with the girl?
—— No, he ______.
He ______ never talked with her.
(2) When and where ______ you see the article?
—— On the Internet last week.
(3) How many ______ have you seen the movie?
—— I've seen it only once.

1 それぞれの目的語などに注意して動詞を決める。climb, play, visit は規則動詞で，これ以外は不規則動詞。

2 (1) somewhere は「どこかで」の意味。
(2) have[has] been to ～で「～へ行ったことがある」。
(3)現在完了の「経験」の疑問文とその答え。No で答えるときは，No, I never have. とすることもある。
(4)such (a) ～は「経験」によく使われる表現。

3 (1)最初の空所には短縮形が入る。主語が３人称・単数であることにも注意する。
(2)質問の文の see に注目する。
(3) only once は回数を答えている。

このページの単語・熟語

hear about ～:～について聞く　**golf** [gálf]（ガルフ）:ゴルフ　**on business**:仕事で
elephant [élifənt]（エレファント）:象　**such a** ～:そのような～，そんな～　**sunset** [sʌ́nsèt]（サンセット）:夕焼
article [ɑ́:rtikl]（アーティクル）:記事

10

4 〔 〕内の指示にしたがって書きかえなさい。 （8点×4）

(1) I eat the fruit. 〔beforeを加えて現在完了の文に〕

＿＿＿＿＿＿＿＿＿＿＿＿＿＿＿＿＿＿＿＿

(2) I am sometimes late for school. 〔現在完了の文に〕

＿＿＿＿＿＿＿＿＿＿＿＿＿＿＿＿＿＿＿＿

(3) He has heard about the ozone layer. 〔neverを使った否定文に〕

＿＿＿＿＿＿＿＿＿＿＿＿＿＿＿＿＿＿＿＿

(4) Fred has visited Hokkaido many times. 〔疑問文に〕

＿＿＿＿＿＿＿＿＿＿＿＿＿＿＿＿＿＿＿＿

4 (1) eatの過去分詞はeaten。beforeは文末に置く。
(2) be動詞の過去分詞はbeen。sometimesの位置はhaveと過去分詞の間に入る。
(3) neverはhaveと過去分詞の間に入る。
(4)この疑問文にeverを入れる必要はない。

5 次の語群を並べかえて，正しい英文にしなさい。 （8点×2）

(1) I (seen / have / often / him / in) the park.

I ＿＿＿＿＿＿＿＿＿＿＿＿＿＿＿＿ the park.

(2) Have (museum / the / visited / ever / you)?

Have ＿＿＿＿＿＿＿＿＿＿＿＿＿＿＿＿?

5 (1)「私は公園で彼をしばしば見かけたことがあります」
(2)「あなたは今までにその博物館を訪れたことがありますか」

6 次の日本文を英文になおしなさい。 （8点×2）

(1) 私は一度も英語で手紙を書いたことがありません。

＿＿＿＿＿＿＿＿＿＿＿＿＿＿＿＿＿＿＿＿

(2) あなたは今までにフランスに行ったことがありますか。

＿＿＿＿＿＿＿＿＿＿＿＿＿＿＿＿＿＿＿＿

6 (1) neverを使った否定文にする。
(2)疑問文の「今までに」はeverを使う。「フランス」＝France。

解答は別冊P.3

さらに一歩！ ● have gone to ～は「～に行ったことがある」の意味で使えないのですか？

この意味で使うこともあります。ただし，goneを使った文では必ず「経験」を表す副詞語句（p.8参照）とともに使います。みなさんはhave been to ～のほうで覚えておいたほうがいいでしょう。

I **have gone[been] to** Kyoto twice by the Shinkansen.（新幹線で2回京都へ行ったことがあります。）

fruit [frúːt]（フルート）：くだもの　**sometimes** [sʌ́mtàimz]（サムタイムズ）：ときどき　**be late for ～**：～に遅れる
ozone layer：オゾン層　**many times**：何回も　**museum** [mjuːzíːəm]（ミューズィーアム）：博物館，美術館

11

セクション 1-2

現在完了 ②

12

チェック 3・4

1 チェック3 「継続」の肯定文

「(ずっと)～だ，～している」の意味で，過去からの動作や状態の**「継続」**を表す。**for**（～の間）や**since**（～から，～以来）の語句を用いることが多い。for のあとには期間を表す語句が，since のあとには過去のある時点を表す語句が続く。since のあとには主語と動詞がある文が続くこともある。このときの動詞は過去形になる。

- I **have known** him ***for many years***. （私は何年間も彼を知っています。）
  ↑〈for＋期間を表す語(句)〉:「～の間」
- Ken **has been** busy ***since yesterday***. （健は昨日からずっと忙しい。）
  ↑〈since＋過去の開始時点を表す語(句)〉:「～から，～以来」
- I **have lived** here ***since I came to Kyoto***.
  ↑〈since＋過去の開始時点を表す文〉:「～から，～以来」
  （私は京都に来てからずっとここに住んでいます。）

2 チェック4 「継続」の否定文・疑問文

1 「継続」の否定文

否定文は，「(ずっと)～ない，～していない」の意味で，「～ない」期間が継続していることを表す。have not, has not の短縮形は haven't, hasn't になる。

- I **haven't seen** him for a long time. （私は長い間彼に会っていません。）
  ↑〈have[has]＋not＋過去分詞〉: have not = haven't / has not = hasn't

✓注 for a long time の意味で for long がおもに疑問文・否定文で使われることもある。

2 「継続」の疑問文

have[has]を主語の前に出して，**〈Have[Has]＋主語＋過去分詞 ～?〉**の形になる。

- **Have** you **lived** here since last year?（あなたは昨年からここに住んでいるのですか。）
  ── Yes, I **have**. （はい，そうです。）
  ── No, I **haven't[have not]**. （いいえ，ちがいます。）

「どれくらいの間～?」と継続の期間をたずねるには How long ～? を使う。

- ***How long*** **have** you **studied** English?（英語を勉強してどれくらいになりますか。）
  ── I **have studied** it ***for two years***. （2年になります。）

●最重要文の練習● 次の英文を______に書きましょう。

③ **I have lived here for ten years.** （私は10年間ここに住んでいます。）

have lived for

______

④ **Ken has been busy since yesterday.** （健は昨日からずっと忙しい。）

has been since

______

▶▶▶ポイント確認ドリル

解答は別冊 P.3・4

1 各文の( )内から適する語を選んで，___に書きなさい。

□(1) I have studied English (for, since) ten years. ______

□(2) I have lived here (for, since) last year. ______

□(3) I have known them (for, since) a long time. ______

□(4) I have been very hungry (for, since) this morning. ______

□(5) I have lived here (for, since) I was ten years old. ______

2 各文を(1)・(2)は否定文に，(3)・(4)は疑問文に書きかえるとき，___に適する語を書きなさい。

□(1) I have been busy today. I have ______ been busy today.

□(2) I have been free since yesterday. I ______ been free since yesterday.

□(3) You have lived here for a year. ______ you lived here for a year?

□(4) He has been sick this week. ______ he been sick this week?

3 次の語群を日本文に合うように並べかえて，全文を書きなさい。

□(1) 私は彼とは長年の知り合いです。 I (for / known / him / have) a long time.

______

□(2) あなたは昨日から忙しいのですか。 (been / busy / have / you) since yesterday?

______

このページの単語・熟語

busy [bízi]（ビズィ）：忙しい **last year**：昨年 **for a long time**：長い間 **hungry** [hʌ́ŋgri]（ハングリィ）：空腹の **this morning**：今朝 **free** [fríː]（フリー）：ひまな **sick** [sík]（スィック）：病気の **this week**：今週

13

セクション 1-2

現在完了 ②

「継続」の肯定文 // 「継続」の否定文・疑問文

月　日

点

1 下線部に適する動詞を右から選び，過去分詞にして書きなさい。同じ語は２度使わないこと。（２点×６）

(1) I have ____________ busy since yesterday.
(2) He has ____________ here for ten years.
(3) I have ____________ him for many years.
(4) They have ____________ the car for a year.
(5) We have ____________ English for two years.
(6) We have ____________ much snow this week.

use / have / know / be / study / live

1 それぞれの補語や目的語などに注意して動詞を決める。use, study, live は規則動詞で，これ以外は不規則動詞。

2 次の英文を日本文になおしなさい。（３点×４）

(1) They have been good friends since they were small children.
(　　　　　　　　　　　　　　　　　　　　)

(2) I have wanted to visit Kyoto and Nara for a long time.
(　　　　　　　　　　　　　　　　　　　　)

(3) We have had no rain here for two months.
(　　　　　　　　　　　　　　　　　　　　)

(4) They have not spoken to each other since yesterday.
(　　　　　　　　　　　　　　　　　　　　)

2 (1) since のあとに主語と動詞のある文が続いていることに注意。この文の since は接続詞。
(2) want to ～で「～したい」の意味。
(3)名詞の rain に no がついて，否定の意味を表している。
(4)speak to ～で「～と話をする」の意味。「継続」の否定文である。

3 ____に適語を入れて，問答文を完成しなさい。（完答４点×３）

(1) Has he lived here since then?
—— Yes, he ____________.

(2) Have you known him for long?
—— No, I ____________.
____________ known him only ____________ a year.

(3) ____________ long have you stayed here?
—— I have stayed here for a week.

3 (1)主語は he で，３人称・単数。
(2)最初と２つ目の空所には短縮形が入る。
(3)「どれくらいの間」と期間をたずねる疑問文にする。

このページの単語・熟語

snow（スノウ）[snóu]：雪　**use**（ユーズ）[júːz]：使う　**good**（グッド）[gúd]：仲のよい
children（チルドゥレン）[tʃíldrən]：child（子ども）の複数形　**rain**（レイン）[réin]：雨
spoken（スポウクン）[spóukən]：speak（話す）の過去分詞　**each other**：お互い（に）

14

4 〔　〕内の指示にしたがって書きかえなさい。（8点×4）

(1) I am very busy.〔this week を加えて現在完了の文に〕

(2) He is dead.〔for ten years を加えて現在完了の文に〕

(3) I have seen her.〔since yesterday を加えた否定文に〕

(4) He has lived here <u>for a year</u>.〔下線部をたずねる疑問文に〕

4 ※ 重要 ※
(1) **this week** はこれだけで副詞の働きをするので，**for** や **since** をつけなくてもよい。
(2) **dead** は「死んでいる」という意味で，これが左のように現在完了で使われると，「彼は10年間死んでいる」→「死んで10年になる，10年前に死んだ」の意味を表す。

5 次の語群を並べかえて，正しい英文にしなさい。（8点×2）

(1) It (sunny / for / been / has / five) days.

It ________________________________ days.

(2) Where (Ken / English / since / studied / has) this morning?

Where ________________________ this morning?

5 (1)「5日間ずっと天気がいい」という文を作る。
(2)「今朝から健はどこで英語を勉強しているのですか」という文を作る。Where のあとに疑問文の語順を続ける。

6 次の日本文を英文になおしなさい。（8点×2）

(1) 絵美(えみ)は昨日から学校を休んでいます。

(2) あなたはそのとき以来ずっと私に親切ではありません。

6 (1)「～を休む」＝be absent from ～。
(2)「そのとき以来」＝since then。
「～に親切にする」＝be kind to ～。

解答は別冊 P.4

❖さらに一歩！❖ ●現在完了に使われる短縮形をまとめてくれませんか？

have not, has not の短縮形がそれぞれ haven't, hasn't になりますね。〈代名詞＋have[has]〉では，次のようなものがあります。he, she, it は is との短縮形と同じ形になるので注意しましょう。

I have → **I've**　you have → **you've**　we have → **we've**　he has → **he's**　she has → **she's**　it has → **it's**

this week：今週　**dead** [déd]（デッド）：死んだ，死んでいる　**sunny** [sʌ́ni]（サニィ）：天気がいい，晴れた
this morning：今朝　**be absent from ～**：～を休む　**be kind to ～**：～に親切である

15

セクション 1-3

16

現在完了 ③

チェック 5・6

1 チェック5 「完了・結果」の肯定文

「〜したところだ」，**「〜してしまった」**と動作の**「完了・結果」**を表す。この用法の現在完了には，**just**(ちょうど)，**already**(すでに，もう)，**now**(今)などの副詞をよく使う。

I **have *just* washed** the dishes. (私はちょうど皿を洗ったところです。)

↑ 〈have[has]＋just＋過去分詞〉→「ちょうど〜したところだ」

He **has *already* finished** his homework. (彼はもう宿題を終えてしまいました。)

↑ 〈have[has]＋already＋過去分詞〉→「もう〜してしまった」

✓注 「完了」で**〈have[has] (just) been to 〜〉**は**「〜へ(ちょうど)行ってきたところだ」**の意。

I've just been to the station. (私はちょうど駅へ行ってきたところです。)

「結果」は動作完了のあとの現在の状態も示す。ふつう時を表す副詞(句)は伴わない。

Ms. Hara **has gone** to Canada (, so now she is not here).

↑ 〈have[has] gone to 〜〉→「〜へ行ってしまった」

(原さんはカナダへ行ってしまいました〔ので今ここにはいません〕。)

2 チェック6 「完了・結果」の否定文・疑問文

1 「完了・結果」の否定文

have[has] のあとに not を置いて，**〈have[has]＋not＋過去分詞〉**の形になる。よく文末に **yet** をつけて，「まだ〜ない」の意味を表すことが多い。

I **have *not* written** to her **(*yet*)**. (私は彼女に(まだ)手紙を書いていません。)

↑ 〈have[has]＋not＋過去分詞 〜 (yet)〉→「(まだ)〜していない」

2 「完了・結果」の疑問文

よく「もう」の意味の yet を文末に置き，**〈Have[Has]＋主語＋過去分詞 〜 yet?〉**の形になる。

Have you **read** the book ***yet***? (あなたはもうその本を読んでしまいましたか。)

—— Yes, I **have**. (はい，読みました。)
—— No, I **haven't[have not]**. / **No, not yet.** (いいえ，読んでいません〔まだです〕。)

次のように，疑問詞の疑問文にも使うことができる。

How many dolls **have** you **made** today? (あなたは今日人形を何こ作りましたか。)

—— **I've made *five*** dolls. (5こ作りました。)

●最重要文の練習● 次の英文を＿＿＿に書きましょう。

⑤ **I have just washed it.** （私はちょうどそれを洗ったところです。）

have just washed ＿＿＿＿＿＿＿＿ ＿＿＿＿＿＿＿＿

⑥ **I have not written it yet.** （私はまだそれを書いていません。）

have not written yet. ＿＿＿＿＿＿＿＿ ＿＿＿＿＿＿＿＿

▶▶▶ポイント確認ドリル

解答は別冊 P.4

1 各文の(　)内から適する語を選んで，＿＿に書きなさい。

□(1) I have (just, ever) finished my lunch. ＿＿＿＿

□(2) I have (before, already) finished my homework. ＿＿＿＿

□(3) My father has (went, gone) to Paris. ＿＿＿＿

□(4) I have not finished my lunch (yet, already). ＿＿＿＿

□(5) I (have, haven't) eaten my lunch yet. ＿＿＿＿

2 各文を(1)・(2)は否定文に，(3)・(4)は疑問文に書きかえるとき，＿＿に適する語を書きなさい。

□(1) I have washed the car. I have ＿＿＿＿ washed the car.

□(2) I have cleaned the room. I have not cleaned the room ＿＿＿＿.

□(3) You have read the book. ＿＿＿＿ you read the book?

□(4) You have written the letter. Have you written the letter ＿＿＿＿?

3 次の語群を日本文に合うように並べかえて，全文を書きなさい。

□(1) 私はちょうど窓を開けたところです。 I (just / opened / have) the windows.

＿＿＿＿＿＿＿＿＿＿＿＿＿＿＿＿

□(2) 私はもう窓を閉めてしまいました。 I (closed / have / already) the windows.

＿＿＿＿＿＿＿＿＿＿＿＿＿＿＿＿

このページの単語・熟語

wash [wɑ́ʃ]（ワッシュ）：洗う　**written** [rítn]（リトゥン）：write(書く)の過去分詞　**lunch** [lʌ́ntʃ]（ランチ）：昼食，弁当

Paris [pǽris]（パリス）：パリ　**clean** [klíːn]（クリーン）：そうじする　**open** [óupən]（オウプン）：開ける

close [klóuz]（クロウズ）：閉める

17

現在完了 ③

「完了・結果」の肯定文 // 「完了・結果」の否定文・疑問文

月　日

点

1 下線部に適する動詞を右から選び，過去分詞にして書きなさい。同じ語は 2 度使わないこと。 （2 点× 6）

(1) Ken has just ______ back from London.	become
(2) Tom has ______ to school.	come
(3) I have already ______ my homework.	be
(4) I have ______ my key to the door.	go
(5) I have just ______ to the post office.	lose
(6) He has ______ a great scientist.	finish

2 次の英文を日本文になおしなさい。 （4 点× 3）

(1) I have just finished writing to John about our holidays.

(　　　　　　　　)

(2) I have come to school without glasses.

(　　　　　　　　)

(3) I have already finished reading this story, but I have not written my report on it yet.

(　　　　　　　　)

3 ____に適語を入れて，問答文を完成しなさい。 （3 点× 4）

(1) *A* : Have you cleaned your room ______?

B : Yes, I ______.

I have already cleaned my room.

(2) *A* : Have you found the book?

B : No, not ______.

A : ______ did you put it?

B : I think I put it on the table.

1 ※ 重要 ※
(5) **have been to ～は「～へ行ったことがある」という「経験」と，「～へ行ってきたところだ」という「完了」の 2 つの意味を表す。どちらの意味かは，副詞(句)に注目すればよい。「完了」ではよく just が使われる。**

2 (1) finish ～ing で「～し終える」の意。
(2)「結果」の用法。そのためによく見えないことを示している。
(3)後半は「完了」の否定文になっていることに注意。

3 (1)疑問文で「もう」の意味で使う副詞は何か。
(2)最初の空所は not があることに注意。2 つ目の空所は，答えの文の on the table に注目する。

このページの単語・熟語

key to ～：～の鍵(かぎ)　**post office**：郵便局　**scientist** [sáiəntist](サイエンティスト)：科学者
holiday [hálədèi](ハリデイ)：休暇　**glasses** [glǽsiz](グラスィズ)：(複数形で)めがね
report [ripɔ́ːrt](リポート)：レポート，報告　**on** [án](アン)：～について

18

4 〔　〕内の指示にしたがって書きかえなさい。 （8点×4）

(1) The English class has begun. 〔yet を使って疑問文に〕

____

(2) I have done the dishes. 〔yet を使って否定文に〕

____

(3) You have written your name. 〔yet を使って疑問文に〕

____

(4) He has bought <u>a new car</u> now. 〔下線部をたずねる疑問文に〕

____

4 (1)has を主語の前に出す。主語は the English class。
(2)否定文の yet はふつう文末に置く。
(3)疑問文の yet は必ず文末に置く。
(4)「彼は今度は何を買ったのですか」という文を作る。What が bought の目的語になる。

5 次の語群を並べかえて，正しい英文にしなさい。 （8点×2）

(1) He (a / become / famous / has / doctor).

He ______________________________.

(2) I (not / visited / in / uncle / have / my) Sendai yet.

I ______________________________ Sendai yet.

5 (1)「彼は有名な医者になりました(現在も有名な医者)」という文を作る。
(2)「私はまだ仙台のおじを訪ねていません」という文を作る。

6 次の日本文を英文になおしなさい。 （8点×2）

(1) 私はここでもうたくさんの友だちを作りました。

____

(2) その列車はもう出発しましたか。―― はい，出発しました。

____

6 (1)「ここで」= here。「たくさんの」= a lot of, many。
(2)「列車」= train。「出発する」= leave。

解答は別冊 P.4・5

さらに一歩！ ●過去形と現在完了の「結果」の違いがよくわからないのですが？

例文で説明しましょう。現在完了は現在と何らかの関係がある言い方です。He has become a doctor. は，医者になって，現在も医者であるということで現在とつながっています。これに対し，He became a doctor. は過去のある時点で医者になったという事実を表し，現在医者であるかどうかは問題にしていません。

begun [bigʌ́n]（ビガン）:begin(始まる)の過去分詞　**do the dishes**:皿を洗う　**bought** [bɔ́:t]（ボート）:buy(買う)の過去(分詞)形
famous [féiməs]（フェイマス）:有名な　**uncle** [ʌ́ŋkl]（アンクル）:おじ　**train** [tréin]（トゥレイン）:列車，電車

19

セクション 1-4 現在完了 ④

チェック 1〜6

1 チェック 1〜6 現在完了に使われる副詞(句)などのまとめ

■ 「経験」: before (以前)　once (1度)　twice (2度)　〜 times (〜度)〔「3度」以上〕
many times (何回も)　often (しばしば)　sometimes (ときどき)
never (一度も〜ない)〔否定文で〕　ever (今までに)〔疑問文で〕

■ 「継続」: for 〜 (〜の間)　since 〜 (〜以来)　for a long time / for long (長い間)
for many years (何年間も)　How long (どれくらい)〔期間をたずねる疑問文に〕

■ 「完了・結果」: just (ちょうど)　already (すでに)　yet (まだ〔否定文〕, もう〔疑問文〕)

2 チェック 1〜6 注意すべき現在完了

形が似ているまちがえやすい現在完了をまとめてみよう。

1 have been to 〜(経験 / 完了)と have gone to 〜(結果)

- I **have been to** America once.　〈経験〉　(1度アメリカへ行ったことがあります。)
- I **have** (just) **been to** the station.　〈完了〉
  (私は(ちょうど)駅へ行ってきたところです。)
- He **has gone to** America.　〈結果〉
  (彼はアメリカへ行ってしまいました〔→今ここにはいません〕。)

注 have gone to 〜が「経験」を表すこともある。本書11ページを参照。

2 have been in 〜(経験 / 継続)

- I **have been in** America before.　〈経験〉
  (私は以前アメリカにいたことがあります。)
- I **have been in** this room since this morning.　〈継続〉
  (私は今朝からずっとこの部屋にいます。)

3 Where have you been?(継続 / 完了)

- **Where have you been** since this morning?　(今朝からずっとどこにいましたか。)
  —— In my room.　(自分の部屋にいました。)　〈継続〉
- **Where have you been?**　(どこへ行ってたのですか〔行ってきたところですか〕。)
  —— I've just been to the post office.　〈完了〉
  (ちょうど郵便局へ行ってきたところです。)

●最重要文の練習● 次の英文を＿＿＿に書きましょう。

⑦ **I have been to America once.** （私は１度アメリカへ行ったことがあります。）

have been to

＿＿＿＿＿＿＿＿＿＿＿＿＿＿＿＿ ＿＿＿＿＿＿＿＿＿＿＿＿＿＿＿＿

⑧ **He has gone to America.** （彼はアメリカへ行ってしまいました。）

has gone to

＿＿＿＿＿＿＿＿＿＿＿＿＿＿＿＿ ＿＿＿＿＿＿＿＿＿＿＿＿＿＿＿＿

▶▶▶ポイント確認ドリル

解答は別冊 P.5

1 各文の(　)内から適する語を選んで，＿＿に書きなさい。

□(1) I have (just, ever) done my homework. ＿＿＿＿＿＿

□(2) I've seen the movie five (time, times). ＿＿＿＿＿＿

□(3) We've known each other (for, since) 2020. ＿＿＿＿＿＿

□(4) I've studied Chinese (for, since) five or six years. ＿＿＿＿＿＿

□(5) I've met the woman only (once, time) or twice. ＿＿＿＿＿＿

2 各文を(1)・(2)は否定文に，(3)・(4)は疑問文に書きかえるとき，＿＿に適する語を書きなさい。

□(1) I have finished my lunch. I have not finished my lunch ＿＿＿＿＿＿.

□(2) I've seen the bird before. I've ＿＿＿＿＿＿ seen the bird before.

□(3) You have washed the car. Have you washed the car ＿＿＿＿＿＿?

□(4) You have climbed Mt. Fuji. Have you ＿＿＿＿＿＿ climbed Mt. Fuji?

3 次の語群を日本文に合うように並べかえて，全文を書きなさい。

□(1) 私は中国へ２度行ったことがあります。 I (been / to / have) China twice.

＿＿＿＿＿＿＿＿＿＿＿＿＿＿＿＿＿＿＿＿＿＿＿＿＿＿＿＿＿＿

□(2) 彼はニューヨークへ行ってしまいました。 He (gone / has / to) New York.

＿＿＿＿＿＿＿＿＿＿＿＿＿＿＿＿＿＿＿＿＿＿＿＿＿＿＿＿＿＿

このページの単語・熟語

done [dʌ́n]（ダン）：do(する)の過去分詞　**movie** [múːvi]（ムーヴィ）：映画　**each other**：お互い(に)
Chinese [tʃàiníːz]（チャイニーズ）：中国語　**woman** [wúmən]（ウマン）：女性　**climb** [kláim]（クライム）：登る
China [tʃáinə]（チャイナ）：中国

21

現在完了 ④

現在完了に使われる副詞(句)などのまとめ // 注意すべき現在完了

月　日　点

1 下線部に適するものを右から1つずつ選び，____に書きなさい。同じ語は2度使わないこと。（2点×6）

for / since / already / times / once / yet

(1) I have ____________ finished my lunch.

(2) I have eaten *sukiyaki* only ____________.

(3) I've not read the book ____________.

(4) I've visited Kyoto many ____________.

(5) I've lived here ____________ I was only seven.

(6) I've lived here ____________ seven years.

1 (1)「もう昼食を終えました」 (2)「1度だけ食べたことがあります」 (3)「まだ読んでません」 (4)「何回も訪れたことがあります」 (5)「ほんの7歳のときから」 (6)「7年間住んでいます」

2 次の英文を日本文になおしなさい。（3点×4）

(1) I have just seen the blue roses.

(　　　　　　　　　　　　　　　　)

(2) I have seen the blue roses only once.

(　　　　　　　　　　　　　　　　)

(3) They have been to the South Pole before.

(　　　　　　　　　　　　　　　　)

(4) I have just been to Tokyo Station.

(　　　　　　　　　　　　　　　　)

2 (1)「完了」を表す。 (2)「経験」を表す。 (3)「経験」を表す。 (4)「完了」を表す。

3 ____に適語を入れて，問答文を完成しなさい。（完答4点×3）

(1) *A* : Don't throw the magazine away.

B : Oh, I see. You ____________ read it yet.

(2) *A* : Is this your first visit to China?

B : That's right.

I've ____________ been to China before.

(3) *A* : ____________ ____________ have you been here?

B : I've been here since this morning.

3 (1)最後のyetに注目。短縮形が入る。 (2)中国へは初めての訪問であることを，別の言い方で表す。 (3) since this morning は期間を表していることに注意。

このページの単語・熟語

lunch [lʌ́ntʃ]（ランチ）: 昼食，弁当　blue [blúː]（ブルー）: 青い　rose [róuz]（ロウズ）: バラ　South Pole: 南極
station [stéiʃən]（ステイション）: 駅　throw ～ away: ～を捨てる　magazine [mæ̀gəzíːn]（マガズィーン）: 雑誌

22

4 〔　〕内の指示にしたがって書きかえなさい。（8点×4）

(1) Ken has been here <u>for ten days</u>. 〔下線部をたずねる疑問文に〕

____

(2) You have been <u>here</u> since then. 〔下線部をたずねる疑問文に〕

____

(3) Emi has studied English today. 〔yet を使って疑問文に〕

____

(4) Jane is here. 〔for many days を加えて現在完了の文に〕

____

4 (1)期間をたずねるのは How long。
(2)場所をたずねるのは Where。
(3)「完了」の疑問文にする。yet は today の前に入れるようにしよう。
(4) be 動詞の過去分詞は been。

5 次の語群を並べかえて，正しい英文にしなさい。（8点×2）

(1) I (had / no / have / time / to / Jane / visit) in the hospital.

I ______________________________ in the hospital.

(2) No (has / one / house / for / lived / this / in) many years.

No ______________________________ many years.

5 (1)「私は入院中のジェーンを見舞う時間がずっととれないでいます」
(2)「この家には何年間もだれも住んでいません」

6 次の日本文を英文になおしなさい。（8点×2）

(1) 私はちょうどその図書館へ行ってきたところです。

____

(2) 今朝からだれがあの部屋にいるのですか。

____

6 (1)「ちょうど」＝just。「図書館」＝library。
(2)「今朝」＝this morning。「部屋」＝room。

解答は別冊 P.5・6

さらに一歩！ ●日本語の「まだ」を表す英語には yet のほか still もありますが…？

yet は否定文で「まだ(～ない)」，still は肯定文で「まだ(～だ)」の意味を表します。

He has ***not*** come here **yet**. （彼はまだここに来ていません。）

He **still** lives in that house. （彼はまだあの家に住んでいます。）

since then：そのとき以来　**time** [táim]（タイム）：時間　**visit** [vízit]（ヴィズィット）：訪ねる，見舞う

hospital [háspitl]（ハスピトゥル）：病院　**in the hospital**：入院中で　**no one**：だれも～ない

23

セクション 1-5

24

現在完了進行形

チェック 7・8

1 チェック7 「現在完了進行形」の肯定文

「継続」を表す現在完了〈have[has]＋過去分詞〉はふつう状態の継続を表して，「(ずっと)～だ」の意味を表すが，過去に始まった**動作**が現在まで**「ずっと～している」**と継続している場合，**現在完了進行形**で表す。現在完了進行形は**〈have[has]＋been＋～ing〉**の形で表し，「今も～しており，これからも～し続ける」という含みがある。

- It **has been raining** *since last night*. (昨夜からずっと雨が降っています。)
  ↑ 〈have[has]＋been＋～ing〉:「ずっと～している」
- He **has been sleeping** *for ten hours*. (彼は10時間ずっと眠っています。)

✓注 現在完了進行形は，今はもう終わっているが，現在まである動作が続いていたことを強調し，その結果に重点を置く場合もある。

- Be careful! Jim **has been painting** the bench.
  (気をつけて！ ジムがベンチにペンキを塗っていましたから。)

もともと動作ではなく状態を表す動詞 (like，want，know など) は現在完了進行形にして使うことはできない。

× I *have been knowing* him for many years.

➡ I have known him for many years. (私は彼と何年もの知り合いです。)

2 チェック8 「現在完了進行形」の疑問文

「…はずっと～しているのですか」という疑問文は**〈Have[Has]＋主語＋been＋～ing …?〉**の形にして，have，has を使って答える。**「どれくらい (の間) ずっと～していますか」**は How long を使って，**〈How long have[has]＋主語＋been＋～ing …?〉**の形で表す。答えには，for や since を使って答える。

- **Have you been watching** TV here? (ここでずっとテレビを見ていたのですか。)
  —— Yes, I have. (はい，そうです。)
  No, I haven't[have not]. (いいえ，ちがいます。)
- **How long have you been waiting** for the bus? (どれくらいバスを待っているのですか。)
  —— For almost an hour. (1時間ほどです。)

✓注 「ずっと～していない」という否定には，ふつう現在完了の否定文を使う。

●最重要文の練習● 次の英文を＿＿＿に書きましょう。

⑨ **I have been waiting for the bus for an hour.** (私は１時間バスを待っています。)

have been waiting

⑩ **It has been raining since last night.** (昨夜からずっと雨が降っています。)

has been raining

▶▶▶ポイント確認ドリル

解答は別冊 P.6

1 各文の(　)内から適する語を選んで，＿＿に書きなさい。

□(1) I have (be, been) playing baseball since this morning. ＿＿＿＿＿＿

□(2) I have been (swim, swimming) all this afternoon. ＿＿＿＿＿＿

□(3) Jane (have, has) been reading the magazine for an hour. ＿＿＿＿＿＿

□(4) It has been (snowed, snowing) since last night. ＿＿＿＿＿＿

□(5) (We've, We're) been learning English for many years. ＿＿＿＿＿＿

2 各文を(　)内の語句を加えて現在完了進行形の文に書きかえるとき，＿＿に適する語を書きなさい。

□(1) We talk about the problem. (since this morning)

We ＿＿＿＿＿＿ been ＿＿＿＿＿＿ about the problem since this morning.

□(2) You run here. (for an hour)

You ＿＿＿＿＿＿ been ＿＿＿＿＿＿ here for an hour.

□(3) Tim practices soccer hard. (for many weeks)

Tim ＿＿＿＿＿＿ ＿＿＿＿＿＿ ＿＿＿＿＿＿ soccer hard for many weeks.

3 次の語群を日本文に合うように並べかえて，全文を書きなさい。

□(1) 私は今日ここにずっとすわっています。 I (been / sitting / have) here today.

＿＿＿＿＿＿＿＿＿＿＿＿＿＿＿＿＿＿＿＿＿＿＿＿

□(2) 彼は今日はずっと宿題をしています。 He (has / doing / been) his homework today.

＿＿＿＿＿＿＿＿＿＿＿＿＿＿＿＿＿＿＿＿＿＿＿＿

このページの単語・熟語

wait for ～:～を待つ　**hour** [áuər] (アウア):１時間　**rain** [réin] (レイン):雨が降る　**last night**:昨夜

all this afternoon:今日の午後ずっと　**magazine** [mæɡəzíːn] (マガズィーン):雑誌　**problem** [prɑ́bləm] (プラブレム):問題

practice [prǽktis] (プラクティス):練習する　**homework** [hóumwəːrk] (ホウムワーク):宿題

25

現在完了進行形

「現在完了進行形」の肯定文 // 「現在完了進行形」の疑問文

月　日

点

1 次の各英文を，意味の違いがわかるように日本文になおしなさい。（3点×3）

(1) It is raining hard now.

(　　　　　　　　　　　　　　　　)

(2) It has just stopped raining hard.

(　　　　　　　　　　　　　　　　)

(3) It has been raining hard since this morning.

(　　　　　　　　　　　　　　　　)

1 (1)現在進行形の文。現在進行中の動作を表す。
(2)「完了」を表す現在完了。
(3)現在完了進行形。過去に始まった動作が現在でも続いていることを表す。

2 下線部に適するものを下から1つずつ選び，＿＿に書きなさい。ただし，適する形になおし，同じ語は2度使わないこと。（3点×5）

(1) They have been ＿＿＿＿＿＿ TV since three o'clock.

(2) My mother has been ＿＿＿＿＿＿ dinner all afternoon.

(3) Tom has been ＿＿＿＿＿＿ to the same music since then.

(4) The wind has been ＿＿＿＿＿＿ from the north today.

(5) I have been ＿＿＿＿＿＿ English for two hours.

listen　blow　watch　prepare　study

2 文の意味に合う動詞を選ぶ。
(1)「テレビを見る」の意味に。
(2)「夕食を用意する」の意味に。
(3)「同じ音楽を聞く」の意味に。
(4)「風が吹く」の意味に。
(5)「英語を勉強する」の意味に。

3 ＿＿に適語を入れて，問答文を完成しなさい。（完答4点×3）

(1) *A* : Have you ＿＿＿＿＿＿ waiting here since then?

B : Yes, I have.

(2) *A* : ＿＿＿＿＿＿ you been playing the piano since this morning?

B : No, I ＿＿＿＿＿＿. I began to play it this afternoon.

(3) *A* : How ＿＿＿＿＿＿ have you been staying in Tokyo?

B : ＿＿＿＿＿＿ been staying here since last Sunday.

3 (1)疑問文は〈Have[Has]＋主語＋been＋～ing ...?〉で表す。
(2)「私は今日の午後から弾き始めました」という文に注目する。
(3)「どれくらいの間」と期間をたずねる現在完了進行形の疑問文にする。

このページの単語・熟語

hard [hɑ́ːrd]（ハード）：激しく　**all afternoon**：午後ずっと　**same** [séim]（セイム）：同じ
north [nɔ́ːrθ]（ノース）：北　**listen to ～**：～を聞く　**blow** [blóu]（ブロウ）：(風が)吹く
prepare [pripéər]（プリペア）：準備する　**stay** [stéi]（ステイ）：滞在する

26

4 〔 〕内の指示にしたがって書きかえなさい。 （8点×4）

(1) Emi has been writing this letter since then. 〔疑問文に〕

____

(2) It has been snowing <u>for an hour</u>. 〔下線部をたずねる疑問文に〕

____

(3) They have been playing basketball <u>in the gym</u>.
〔下線部をたずねる疑問文に〕

____

(4) <u>June</u> has been playing the piano there. 〔下線部をたずねる疑問文に〕

____

4 (1)現在完了進行形の疑問文の基本形にあてはめて考える。
(2)下線部は期間を表している。期間をたずねる２語のあとに疑問文の語順を続ける。
(3)下線部は場所を表している。場所をたずねる疑問詞のあとに疑問文の語順を続ける。
(4)下線部は文の主語を表している。人の主語をたずねる疑問詞は who。

5 次の語群を並べかえて，正しい英文にしなさい。 （8点×2）

(1) Judy (cooking / in / been / the kitchen / has) since then.

Judy ______________________________ since then.

(2) How (the key / for / have / looking / long / you / been)?

How ______________________________?

5 (1)「ジュディーはそのときからずっと台所で料理をしています」
(2)「あなたはどのくらいの間その鍵を探し続けているのですか」

6 次の日本文を現在完了進行形の英文になおしなさい。 （8点×2）

(1) 私は今朝からずっと走っています。

____

(2) 健は３時からずっと眠っています。

____

6 (1)「走る」は run だが，～ing 形に注意する。
(2)「眠る」は sleep。主語は３人称・単数になる。

解答は別冊 P.6・7

さらに一歩！ ●現在完了進行形に使えない動詞にはどのようなものがありますか？

現在完了進行形に使えない動詞というのは，状態を表す動詞で，現在進行形や過去進行形にも使えない動詞です。know, remember, hope, like, want, feel, smell などはふつう使いません。

since then：そのときから，そのとき以来 **snow** [snóu]（スノウ）：雪が降る **gym** [dʒím]（ヂム）：体育館
cook [kúk]（クック）：料理する **kitchen** [kítʃən]（キチン）：台所 **key** [kíː]（キー）：鍵 **look for ～**：～を探す

27

セクション 2-1

28

受動態〔受け身〕①

チェック 9

1 チェック9 受動態の作り方

「…は～する」のように，動作をするものが主語になる言い方を**能動態**(のうどうたい)といい，「…は～される」のように，動作を受けるものが主語になる言い方を**受動態**(じゅどうたい)〔または**受け身**(うけみ)〕の文という。受動態は，動詞の部分が**〈be 動詞＋過去分詞〉**の形になる。

1 能動態から受動態への書きかえの手順

能動態 Tom (S) washes (V) the car (O). （トムはその車を洗います。）

① ② ③

受動態 The car is washed by Tom. （その車はトムによって洗われます。）

① 能動態の目的語（O）を主語に。 ② 動詞（V）の部分を〈be 動詞＋過去分詞〉に。

③ 能動態の主語（S）を by のあとに続ける。

過去の受動態は**〈was[were]＋過去分詞〉**，未来の受動態は**〈will be＋過去分詞〉**で表される。同じように助動詞のある文は**〈助動詞＋be＋過去分詞〉**になる。

- The letter **was written by** Kate. （その手紙はケートによって書かれました。）
- The book **will be read by** a lot of people.（その本は多くの人に読まれるでしょう。）

動作をする人が不明だったり，ばくぜんと「人々」を指しているときは by ～を省略できる。しかし，受動態から能動態への書きかえでは，people や they などの主語を補う場合もある。

- His father **was killed** in the accident. （彼のお父さんはその事故で死亡しました。）
- Spanish **is spoken** in Mexico. （← *People*[*They*] speak Spanish in Mexico.）
（メキシコではスペイン語が話されています。）

2 受動態の否定文

これまでの be 動詞の文と同じ。否定文は be 動詞のあとに not を入れる。

- Spanish **is *not* spoken** here. （スペイン語はここでは話されていません。）

3 受動態の疑問文

同様に，be 動詞を主語の前に出す。疑問詞のある疑問文も同じように考える。

- **Was** this book **written** by him? （この本は彼によって書かれたのですか。）
—— Yes, it **was**. / No, it **was not[wasn't]**.
- ***When* was** this picture **painted**? （この絵はいつ描かれたのですか。）
—— (It **was painted**) ***Five years ago***. （5年前です。）

●最重要文の練習● 次の英文を＿＿＿に書きましょう。

⑪ **It was written by Kate.** （それはケートによって書かれました。）

was written by ＿＿＿＿＿＿＿＿ ＿＿＿＿＿＿＿＿

⑫ **English is spoken here.** （ここでは英語が話されています。）

is spoken ＿＿＿＿＿＿＿＿ ＿＿＿＿＿＿＿＿

▶▶▶ポイント確認ドリル

解答は別冊 P.7

1 下の動詞の原形－過去形－過去分詞の空所を補いなさい。

	原形	過去形	過去分詞
□(1)	write	＿＿＿＿	＿＿＿＿
□(2)	make	made	＿＿＿＿
□(3)	take	＿＿＿＿	＿＿＿＿
□(4)	give	gave	＿＿＿＿
□(5)	put	＿＿＿＿	＿＿＿＿

2 各文の（　）内から適する語を選んで，＿＿に書きなさい。

□(1) English is (speaking, spoken) all over the world. ＿＿＿＿

□(2) All these cars (is, are) washed every day. ＿＿＿＿

□(3) That house (is, was) built five years ago. ＿＿＿＿

□(4) This book will (is, be) read by a lot of people. ＿＿＿＿

3 次の語群を日本文に合うように並べかえて，全文を書きなさい。

□(1) このコンピュータは現在使われていません。 This computer (not / is / used) now.

＿＿＿＿＿＿＿＿＿＿＿＿＿＿＿＿

□(2) あなたはパーティーに招待されていますか。 (you / invited / are) to the party?

＿＿＿＿＿＿＿＿＿＿＿＿＿＿＿＿

このページの単語・熟語

make [méik]（メイク）：作る　**take** [téik]（テイク）：取る　**give** [gív]（ギヴ）：与える　**put** [pút]（プット）：置く
all over the world：世界中で　**built** [bílt]（ビルト）：build（建てる）の過去（分詞）形
invite [inváit]（インヴァイト）：招待する

29

セクション 2-1

受動態〔受け身〕①
受動態の作り方

月　日

点

1 下線部に右から適する動詞を選び，過去分詞にして書きなさい。同じ語は２度使わないこと。（２点×６）

teach
cook
send
find
hear
write

(1) Dinner is usually ____________ by Emi.

(2) This old coin was ____________ here in 1960.

(3) This book was ____________ many years ago.

(4) The e-mail was ____________ to me.

(5) The sound was ____________ last night.

(6) English is ____________ at our school.

1 (1)「絵美によって料理される」
(2)「1960年にここで発見された」
(3)「何年も前に書かれた」
(4)「私に送られてきた」
(5)「昨夜聞こえた」←「聞かれた」
(6)「私たちの学校で教えられている」

2 次の英文を日本文になおしなさい。（４点×３）

(1) This accident will also be forgotten soon.

(　　　　　　　　　　　　　　　　　　　　)

(2) What language is spoken in your country?

(　　　　　　　　　　　　　　　　　　　　)

(3) Nothing was seen in the dark last night.

(　　　　　　　　　　　　　　　　　　　　)

2 (1)未来の受動態。forgotten は forget の過去分詞。
(2) What language がそのまま主語として使われている疑問文。
(3) Nothing が主語で，実質的には否定文。

3 次の各組の文の内容がほぼ同じになるように，____に適語を入れなさい。（完答３点×４）

(1) { Jane planted these trees.
These trees ____________ ____________ by Jane.

(2) { Ken read the letter today.
The letter ____________ ____________ by Ken today.

(3) { Tom didn't make the box.
The box ____________ ____________ by Tom.

(4) { This book isn't read by young people.
Young people ____________ ____________ this book.

3 (1)もとの文の動詞が planted と過去であることに注意する。
(2)上の文の read の時制は何かを考える。
(3)下は受動態の否定文になる。
(4)受動態を能動態にする。もとの受動態は現在の否定文。

このページの単語・熟語

dinner [dínər]（ディナァ）：夕食　**coin** [kɔ́in]（コイン）：コイン　**sound** [sáund]（サウンド）：音　**send** [sénd]（センド）：送る
accident [ǽksidənt]（アクスィデント）：事故　**forget** [fərgét]（フォゲット）：忘れる　**dark** [dɑ́ːrk]（ダーク）：暗やみ
plant [plǽnt]（プラント）：植える

30

4 〔 〕内の指示にしたがって書きかえなさい。 （8点×4）

(1) Ms. Green teaches English. 〔受動態に〕

＿＿＿＿＿＿＿＿＿＿＿＿＿＿＿＿

(2) He will write a new book soon. 〔受動態に〕

＿＿＿＿＿＿＿＿＿＿＿＿＿＿＿＿

(3) The old tower was built <u>in 1958</u>. 〔下線部をたずねる疑問文に〕

＿＿＿＿＿＿＿＿＿＿＿＿＿＿＿＿

(4) Were the songs loved by young people? 〔能動態に〕

＿＿＿＿＿＿＿＿＿＿＿＿＿＿＿＿

4 (1)受動態の主語は，もとの文の目的語がなる。
(2)助動詞 will がある未来の受動態になる。
(3)下線部は時を表しているので，When で始まる疑問文に。
(4)能動態の主語は，受動態の by ～の～の語句になる。

5 次の語群を並べかえて，正しい英文にしなさい。 （8点×2）

(1) The (is / opened / at / usually / store / ten) every day.

The ＿＿＿＿＿＿＿＿＿＿＿＿ every day.

(2) How (you / often / invited / to / were) the parties?

How ＿＿＿＿＿＿＿＿＿＿＿＿ the parties?

5 (1)「その店は毎日たいてい10時に開けられます」
(2)「あなたは何回そのパーティーに招かれましたか」 How often はこのように，現在完了以外でも使うことができる。

6 次の日本文を受動態を使って英文になおしなさい。 （8点×2）

(1) この手紙は私の母が書きました。

＿＿＿＿＿＿＿＿＿＿＿＿＿＿＿＿

(2) 彼の名前は2年前には知られていませんでした。

＿＿＿＿＿＿＿＿＿＿＿＿＿＿＿＿

6 (1)「手紙」＝ letter。「書く」＝ write。不規則動詞。
(2)「名前」＝ name。know の過去分詞は known。

解答は別冊 P.7・8

さらに一歩！ ● will 以外の受動態の例文をあげてもらえますか？

can, must, may などや，be going to, have to でも作ることができます。次の例文を見ておきましょう。

Many kinds of birds ***can* be seen** here. （ここでは多くの種類の鳥を見ることができます。）

Something ***had to* be done** at once. （ただちに何かがなされなければなりませんでした。）

teach [tíːtʃ]（ティーチ）：教える **tower** [táuər]（タウア）：タワー，塔 **built** [bílt]（ビルト）：build（建てる）の過去（分詞）形
song [sɔ́ːŋ]（ソーング）：歌 **love** [lʌ́v]（ラヴ）：大好きである，愛する **invite** [inváit]（インヴァイト）：招待する，招く

31

セクション 2-2

受動態〔受け身〕②

32

チェック 10

1 チェック 10 いろいろな受動態

1 いろいろな文型の受動態

S：主語(Subject)	V：動詞(Verb)
O：目的語(Object)	C：補語(Complement)

❶ **S+V+O ⇨ S+V** (本書28ページ参照)

❷ **S+V+O+O ⇨ S+V+O**：原則的には2つの目的語を主語とする2通りの受動態ができる。

▶ He gave ①me ②this book. (彼は私にこの本をくれました。)

→ ① ***I* was given** this book by him. (私は彼にこの本をもらいました。)

→ ② ***This book* was given** (to) me by him.(この本は彼から私に与えられました。)

✓注 「物」(直接目的語)を主語にしたら，間接目的語の前に前置詞をつけて言うことが多い。

参考 buy, make, sell も2つの目的語をとれるが，これらの動詞の受動態では「物」を主語とした受動態しか作ることはできない。

▶ Tom bought *me a camera.* (トムは私にカメラを買ってくれました。)

→ (×) *I* was bought a camera by Tom.

(○) *A camera* was bought for me by Tom.

❸ **S+V+O+C ⇨ S+V+C**：この文型(S+V+O+C)については本書92ページも参照。受動態は〈S+be動詞+過去分詞+C(補語)〉の形になる。

▶ They call the new baby Ben. (彼らは新しい赤ちゃんをベンと呼んでいます。)

→ The new baby **is called** Ben (by them).(新しい赤ちゃんはベンと呼ばれています。)

2 by 以外の前置詞を用いる受動態

受動態には by 以外の前置詞を用いるものがある。これらは連語として覚えておこう。なお，interested, surprised のように過去分詞が形容詞化しているものもある。

He **is interested in** Japanese history. (彼は日本の歴史に興味を持っています。)

We **were surprised at** the news. (私たちはその知らせに驚きました。)

by 以外の前置詞を用いる受動態	be known to ～ (～に知られている)	be covered with ～ (～におおわれている)
	be pleased with ～ (～が気に入る)	be filled with ～ (～でいっぱいである)
	be made of ～ (～で作られる〈材料〉)	be made from ～ (～で作られる〈原料〉)
	be worried about ～ (～を心配する)	be ashamed of ～ (～を恥じている)

✓注 次のような受動態にも注意しておこう：be born (生まれる)，be crowded (混んでいる)，be married (結婚している)，be lost (道に迷う)，be dressed in ～ (～を着ている)

●最重要文の練習● 次の英文を＿＿＿に書きましょう。

⑬ **I was given this book by him.** （私は彼にこの本をもらいました。）

was given ＿＿＿＿＿＿＿＿

⑭ **I was surprised at the news.** （私はその知らせに驚きました。）

was surprised at ＿＿＿＿＿＿＿＿

▶▶▶ポイント確認ドリル

解答は別冊 P.8

1 下の動詞の原形－過去形－過去分詞の空所を補いなさい。

原形	過去形	過去分詞
□(1) give	＿＿＿＿	＿＿＿＿
□(2) worry	＿＿＿＿	＿＿＿＿
□(3) send	＿＿＿＿	＿＿＿＿
□(4) buy	＿＿＿＿	＿＿＿＿

2 各文の（　）内から適する語を選んで，＿＿に書きなさい。

□(1) This cake was given (to, for) me. ＿＿＿＿

□(2) This bike was bought (to, for) me. ＿＿＿＿

□(3) We were very surprised (in, at) the news. ＿＿＿＿

□(4) The woman is known (for, to) all people in town. ＿＿＿＿

□(5) I'm not interested (on, in) your story. ＿＿＿＿

3 次の語群を日本文に合うように並べかえて，全文を書きなさい。

□(1) 私は彼に水を与えられました。 I (water / given / was) by him.

＿＿＿＿＿＿＿＿＿＿＿＿＿＿＿＿

□(2) 私は彼の車に興味があります。 I (in / am / interested) his car.

＿＿＿＿＿＿＿＿＿＿＿＿＿＿＿＿

このページの単語・熟語

news [n(j)úːz]（ヌーズ）：ニュース，知らせ　**worry** [wə́ːri]（ワーリィ）：心配させる　**send** [sénd]（センド）：送る
cake [kéik]（ケイク）：ケーキ　**town** [táun]（タウン）：町　**story** [stɔ́ːri]（ストーリィ）：話，物語　**water** [wɔ́ːtər]（ウォータァ）：水

33

セクション 2-2 受動態〔受け身〕②
いろいろな受動態

月　　日
点

1 下線部に適するものを右から１つずつ選び，＿＿に書きなさい。同じ語は２度使わないこと。（２点×６）

(1) This book was written ＿＿＿＿＿＿ Soseki.
(2) This book was written ＿＿＿＿＿＿ 1890.
(3) This book was given ＿＿＿＿＿＿ me by him.
(4) This book was bought ＿＿＿＿＿＿ me by him.
(5) What were you surprised ＿＿＿＿＿＿?
(6) This desk is made ＿＿＿＿＿＿ wood.

at / by / in / for / to / of

2 次の英文を日本文になおしなさい。（４点×３）

(1) The news was told to me by a friend this morning.
(　　　　　　　　　　　　　　　　　　　　)
(2) The top of the mountain is covered with snow.
(　　　　　　　　　　　　　　　　　　　　)
(3) Emi's cat is called Tama.
(　　　　　　　　　　　　　　　　　　　　)

3 次の各文の下線部に適語を入れ，日本文に相当する英文を完成しなさい。（完答３点×４）

(1) バターは牛乳から作られます。
Butter is made ＿＿＿＿＿＿ milk.
(2) 私は14年前に生まれました。
I ＿＿＿＿＿＿ ＿＿＿＿＿＿ fourteen years ago.
(3) 私はあなたの健康が心配です。
I'm worried ＿＿＿＿＿＿ your health.
(4) 助けてください。道に迷いました。
Please help me. I'm ＿＿＿＿＿＿.

1 (1)行為者を表すもの。
(2)年〔西暦〕の前につく前置詞。
(3)・(4) give, buy は to, for のどちらを使う動詞か。
重要
(5)疑問詞が文末の前置詞の目的語になる文。受動態の文でも前置詞が文末にくることがある。
(6)原料を表すのは from だが，材料は何か。

2 (1)told は tell の過去（分詞）形。tell は２つの目的語をとる。
(2)be covered with に注意。
(3) call *A B* の受動態。*A* が目的語で，*B* が補語。

3 (1) milk は butter の原料になる。
(2)「生まれる」はどう表すのか。過去形で表す。
(3)「～を心配する」はどう表すか。
(4)「道に迷う」はどう表すか。この過去分詞は形容詞化している。

このページの単語・熟語
bought [bɔ́ːt]（ボート）:buy（買う）の過去（分詞）形　**surprise** [sərpráiz]（サプライズ）:驚かせる　**top** [tάp]（タップ）:頂上
cover [kʌ́vər]（カヴァ）:おおう　**snow** [snóu]（スノウ）:雪　**butter** [bʌ́tər]（バタァ）:バター　**health** [hélθ]（ヘルス）:健康
34

4 〔 〕内の指示にしたがって書きかえなさい。 （8点×3）

(1) Mr. Hara teaches us English. 〔We を主語にした受動態に〕

____

(2) Kumi made me a pretty doll. 〔下線部を主語にした受動態に〕

____

(3) Ben calls the new computer Super-PC. 〔受動態に〕

____

4 (1) teach の過去分詞は taught。
(2)「物」を主語にした受動態では前置詞を使って表すのが一般的。make には to か for か。
(3) SVOC の文を O を主語にした受動態にする。C は be 動詞＋過去分詞のあとに続ける。

5 次の語群を並べかえて，正しい英文にしなさい。 （8点×3）

(1) A strange (to / sent / me / was / e-mail) yesterday.

A strange ______________________________ yesterday.

(2) His name (known / not / people / to / is / young).

His name ______________________________.

(3) What (of / are / ashamed / you)?

What ______________________________?

5 (1)「昨日奇妙な電子メールが私に送られてきました」
(2)「彼の名前は若い人たちには知られていません」
(3)「あなたは何を恥ずかしがっているのですか」。前置詞を最後にもってくる。

6 次の日本文を受動態を使って英文になおしなさい。 （8点×2）

(1) あなたは私の話に興味がありますか。

____

(2) 私はその話に驚きませんでした。

____

6 (1)「話」＝ story。疑問文であることに注意。
(2)否定文であることに注意。

解答は別冊 P.8

さらに一歩！ ●受動態でほかに何か注意すべきことはありますか？

「～される」という**動作**と，**「～されている」**という**状態**を表します。どちらかは文脈などによります。

The store **is closed** at ten every day. （その店は毎日10時に閉められます。）〈動作〉

The store **is closed** on Sundays. （その店は日曜日には閉まっています。）〈状態〉

pretty [príti]（プリティ）：かわいい　**doll** [dάl]（ダル）：人形　**call *A B***：*A* を *B* と呼ぶ　**computer** [kəmpjúːtər]（コンピュータァ）：コンピュータ
strange [stréindʒ]（ストゥレインヂ）：奇妙な，変な　**sent** [sént]（セント）：send（送る）の過去（分詞）形　**young** [jʌ́ŋ]（ヤング）：若い

35

まとめのテスト ①　解答は別冊 P.8・9　　月　日　　点

現在完了 / 受動態〔受け身〕

1 次の各文の現在完了が，「経験」を表していればAを，「継続」ならBを，「完了・結果」ならCを〔　〕に書きなさい。（3点×5）

1 I have wanted a new watch for a long time. 〔　　〕

2 I have already bought the new dictionary. 〔　　〕

3 I have seen the picture somewhere before. 〔　　〕

4 My sister has been sick since last Friday. 〔　　〕

5 I have read the book three times. 〔　　〕

2 次の英文を日本文になおしなさい。（4点×2）

1 My mother was given some medicine by the doctor.

(　　　　　　　　　　　　　　　　)

2 Milk is used for making butter and cheese.

(　　　　　　　　　　　　　　　　)

3 日本文に相当する英文になるように，下線部には適語を入れ，(　)内からは適切な語を選びなさい。（完答3点×5）

1 彼はその知らせにひどくびっくりしました。

He was greatly ＿＿＿＿＿ (at, to) the news.

2 私はまだその車を洗っていません。

I have ＿＿＿＿＿ washed the car (already, yet).

3 この模型飛行機はベンが作ったのですか。

＿＿＿＿＿ this model plane (making, made) by Ben?

4 スミスさんは昨年から日本に住んでいます。

Mr. Smith ＿＿＿＿＿ lived in Japan (for, since) last year.

5 家具はすべてほこりにおおわれていました。

All the furniture was ＿＿＿＿＿ (at, with) dust.

このページの単語・熟語

watch [wάtʃ]（ワッチ）：腕時計　**dictionary** [díkʃənèri]（ディクショネリィ）：辞書　**medicine** [médəsən]（メディスィン）：薬
cheese [tʃíːz]（チーズ）：チーズ　**greatly** [gréitli]（グレイトリィ）：大いに　**model plane**：模型飛行機
furniture [fə́ːrnitʃər]（ファーニチャァ）：家具　**dust** [dʌ́st]（ダスト）：ほこり

36

4 次の各組の文の内容がほぼ同じになるように，＿＿に適語を入れなさい。 （完答５点×２）

1 { They don't speak Spanish in this country.
  Spanish ＿＿＿＿＿＿ ＿＿＿＿＿＿ in this country.

2 { I lost all my money, and I have no money now.
  I ＿＿＿＿＿＿ ＿＿＿＿＿＿ all my money.

5 次の各文を〔 〕内の指示にしたがって書きかえなさい。 （８点×２）

1 Mr. White didn't write the novel. 〔受動態の文に〕

＿＿＿＿＿＿＿＿＿＿＿＿＿＿＿＿＿＿＿＿＿＿＿＿＿＿＿＿＿＿

2 Jane has seen the movie <u>three times</u>. 〔下線部をたずねる疑問文に〕

＿＿＿＿＿＿＿＿＿＿＿＿＿＿＿＿＿＿＿＿＿＿＿＿＿＿＿＿＿＿

6 次の語群を，日本文に合うように並べかえなさい。ただし，不要な語が１つずつあります。
（８点×２）

1 私はまだ宿題を終えていません。
(finished / not / already / I / yet / have / my / homework / .)

＿＿＿＿＿＿＿＿＿＿＿＿＿＿＿＿＿＿＿＿＿＿＿＿＿＿＿＿＿＿

2 何人の学生がそのパーティーに招待されたのですか。
(were / many / inviting / students / party / how / to / invited / the / ?)

＿＿＿＿＿＿＿＿＿＿＿＿＿＿＿＿＿＿＿＿＿＿＿＿＿＿＿＿＿＿

7 次の日本文を英文になおしなさい。 （10点×２）

1 私は以前彼を見たことはありますが，一度も話したことはありません。

＿＿＿＿＿＿＿＿＿＿＿＿＿＿＿＿＿＿＿＿＿＿＿＿＿＿＿＿＿＿

2 私の名前はいつ呼ばれたのですか。―― ２，３分前です。

＿＿＿＿＿＿＿＿＿＿＿＿＿＿＿＿＿＿＿＿＿＿＿＿＿＿＿＿＿＿

Spanish スパニッシュ [spǽniʃ]：スペイン語　**country** カントゥリィ [kʌ́ntri]：国　**lost** ロースト [lɔ́:st]：lose(なくす)の過去(分詞)形
money マニィ [mʌ́ni]：お金　**novel** ナヴル [nάvl]：小説　**invite** インヴァイト [inváit]：招待する，招く　**call** コール [kɔ́:l]：呼ぶ

37

解答は別冊 P.9・10

月　日　点

現在完了 / 受動態〔受け身〕

1 正しい英文になるように，(　)内から適切な語を選び，その記号に○をつけなさい。

(3点×5)

1 English is (ア speaking　イ spoken) in America.

2 This book (ア isn't　イ doesn't) written in French.

3 (ア Were　イ Did) you invited to the party?

4 You should be ashamed (ア at　イ of) yourself.

5 The glass is filled (ア with　イ of) water.

2 次の英文を日本文になおしなさい。 (4点×2)

1 My father has gone to London on business.

(　　　　　　　　　　)

2 My father has been to London three times.

(　　　　　　　　　　)

3 日本文に相当する英文になるように，下線部には適語を入れ，(　)内からは適切な語を選びなさい。 (完答3点×5)

1 私はそんなに美しい絵を一度も見たことがありません。

I have ＿＿＿＿＿ seen (so, such) a beautiful picture.

2 バターは牛乳から作ります。

Butter is ＿＿＿＿＿ (from, into) milk.

3 私の弟は新しい帽子が気に入っています。

My brother is ＿＿＿＿＿ (in, with) his new hat.

4 私はちょうど駅へ切符を買いに行ってきたところです。

I have (just, already) ＿＿＿＿＿ to the station to buy tickets.

5 あなたはもう部屋のそうじはすみましたか。

Have you ＿＿＿＿＿ cleaning your room (ever, yet)?

このページの単語・熟語

French [fréntʃ](フレンチ):フランス語　**should** [ʃúd](シュド):～すべきである
yourself [jərsélf](ユアセルフ):あなた自身(を)　**glass** [glæs](グラス):グラス，コップ　**fill** [fíl](フィル):満たす
on business:仕事で　**ticket** [tíkit](ティケット):切符，チケット

38

4 次の各組の文の内容がほぼ同じになるように，____に適語を入れなさい。（完答５点×２）

1 { Tom's story was very interesting to me.
  I was very __________ __________ Tom's story.

2 { Pete came to Japan two years ago, and he still lives here.
  Pete __________ __________ in Japan __________ two years.

5 次の各文を〔　〕内の指示にしたがって書きかえなさい。（８点×２）

1 Everybody knows his name. 〔受動態の文に〕

____

2 They have studied English since they were ten. 〔下線部をたずねる疑問文に〕

____

6 次の語群を，日本文に合うように並べかえなさい。ただし，不要な語が１つずつあります。（８点×２）

1 私はあなたの健康がとても心配です。
(worried / I / of / am / health / your / about / very / .)

____

2 あなたは今までに私の父と話したことがありますか。
(talked / never / father / you / my / have / ever / with / ?)

____

7 次の日本文を英文になおしなさい。（10点×２）

1 あなたはもうその手紙を書いてしまったのですか。── はい，そうです。

____

2 あなたはその知らせに驚きましたか。── いいえ，驚きませんでした。

____

story ストーリィ [stɔ́:ri]：話，物語　**interesting** インタレスティング [íntrəstiŋ]：おもしろい　**ago** アゴウ [əgóu]：～前に
everybody エヴリバディ [évribàdi]：だれでも，みんな　**name** ネイム [néim]：名前　**health** ヘルス [hélθ]：健康

39

セクション 3-1 分詞・動名詞 ①

チェック 11・12

1 チェック 11 現在分詞

現在分詞(動詞の～ing 形)は進行形を作るほかに,「～している…」の意味で形容詞の働きもする。

1 〈現在分詞＋名詞〉の形

現在分詞が他の語句を伴わず単独で名詞を修飾するときは,その名詞の前に置く。

Look at the **crying** ***baby***. (泣いている赤ちゃんをごらんなさい。)

あとに続く名詞を修飾

2 〈名詞＋現在分詞＋語句〉の形〔後置(こうち)修飾〕

現在分詞が他の語句を伴って名詞を修飾するときは,その名詞のあとに置く。

Look at the ***girl*** **sleeping *on the sofa***.(ソファーで眠っている少女を見てごらん。)

前の名詞を修飾：on the sofa が他の語句

次の文のように,〈現在分詞＋語句〉が文の主語を修飾することもある。

The ***boy*** **running** *in the park* is my brother.

(公園で走っている少年は私の弟〔兄〕です。)

2 チェック 12 過去分詞

過去分詞は受動態や現在完了を作るほかに,「～された…」の意味で形容詞の働きもする。

1 〈過去分詞＋名詞〉の形

過去分詞が他の語句を伴わず単独で名詞を修飾するときは,その名詞の前に置く。

He bought a **used** ***car***. (彼は中古車〔←使われた車〕を買いました。)

あとに続く名詞を修飾

2 〈名詞＋過去分詞＋語句〉の形〔後置修飾〕

過去分詞が他の語句を伴って名詞を修飾するときは,その名詞のあとに置く。

Look at the beautiful ***mountains*** **covered *with snow***.

前の名詞を修飾：with snow が他の語句

(雪でおおわれている美しい山々をごらんなさい。)

次の文のように,〈過去分詞＋語句〉が文の主語を修飾することもある。

The ***language*** **spoken** *in this country* is English.

(この国で話されている言葉は英語です。)

●最重要文の練習● 次の英文を＿＿＿に書きましょう。

⑮ **Look at the crying baby.** （泣いている赤ちゃんをごらんなさい。）

crying baby. ＿＿＿＿＿

⑯ **He bought a used car.** （彼は中古車を買いました。）

used car. ＿＿＿＿＿

▶▶▶ポイント確認ドリル

解答は別冊 P.10

1 下の動詞の現在分詞（ing形）と過去分詞を書きなさい。

原形	現在分詞	過去分詞
□(1) use	＿＿＿	＿＿＿
□(2) speak	＿＿＿	＿＿＿
□(3) give	＿＿＿	＿＿＿
□(4) sing	＿＿＿	＿＿＿
□(5) write	＿＿＿	＿＿＿

2 各文の（　）内から適する語を選んで，＿＿に書きなさい。

□(1) Look at that (crying, cried) girl. ＿＿＿

□(2) I bought some (using, used) books. ＿＿＿

□(3) Look at the baby (sleeping, slept) in the bed. ＿＿＿

□(4) He has a car (making, made) in America. ＿＿＿

3 次の語群を日本文に合うように並べかえて，全文を書きなさい。

□(1) 彼と話している少女はだれですか。 Who is the (talking / girl / with) him?

＿＿＿＿＿＿＿＿＿＿

□(2) この中古車はいくらですか。 How much is (car / this / used)?

＿＿＿＿＿＿＿＿＿＿

このページの単語・熟語

look at ～：～を見る　**cry** [krái]（クライ）：泣く，叫ぶ　**baby** [béibi]（ベイビィ）：赤ちゃん　**speak** [spíːk]（スピーク）：話す　**sing** [síŋ]（スィング）：歌う　**sleep** [slíːp]（スリープ）：眠る　**bed** [béd]（ベッド）：ベッド　**talk with ～**：～と話す

41

セクション 3-1

分詞・動名詞 ①

現在分詞 // 過去分詞

月　日

点

1 下線部に右から適する動詞を選び，現在分詞か過去分詞にして書きなさい。同じ語は2度使わないこと。（2点×6）

(1) The boy ＿＿＿＿＿ a book is Tom.	write
(2) I don't need those ＿＿＿＿＿ tickets.	break
(3) This is a book ＿＿＿＿＿ in English.	read
(4) The girl ＿＿＿＿＿ for a bus is Judy.	stand
(5) Don't touch the ＿＿＿＿＿ glass.	use
(6) Who's the man ＿＿＿＿＿ at the door?	wait

2 次の英文を日本文になおしなさい。（3点×4）

(1) The dog lying under the table is my uncle's.
(　　　　　　　　　　　　　　　　)

(2) The parents admired the picture painted by their son.
(　　　　　　　　　　　　　　　　)

(3) A tanker is a ship carrying oil.
(　　　　　　　　　　　　　　　　)

(4) English is a language spoken all over the world.
(　　　　　　　　　　　　　　　　)

3 次の各文の下線部に適語を入れ，日本文に相当する英文を完成しなさい。（完答4点×3）

(1) あなたはあの走っている少年を知っていますか。
Do you know ＿＿＿＿＿ ＿＿＿＿＿ boy?

(2) これは日本製の腕時計です。
This is a watch ＿＿＿＿＿ ＿＿＿＿＿ Japan.

(3) これは昨年最も読まれた本です。
This is the ＿＿＿＿＿ ＿＿＿＿＿ most last year.

1 次の日本語を参考にしよう。
(1)「本を読んでいる少年」
(2)「あの使用済みの切符」
(3)「英語で書かれている本」
(4)「バスを待っている少女」
(5)「割れた〔割られた〕ガラス」
(6)「ドアのところに立っている男性」

2 (1) lying は lie（横たわる）の現在分詞。なお，過去形は lay，過去分詞は lain。

重要
(3)現在分詞は「～している…」という進行形の意味だけでなく，「～する…」の意味も表す。→ A tanker is a ship. It carries oil.

3 (1) run の現在分詞に注意する。
(2)「日本製」は「日本で作られている〔作られた〕」と考える。
(3) read を過去分詞にして使う。

このページの単語・熟語
wait for ～：～を待つ　**touch** [tʌ́tʃ]（タッチ）：さわる　**break** [bréik]（ブレイク）：割る，割れる
lie [lái]（ライ）：横になる　**admire** [ədmáiər]（アドマイア）：ほめる　**paint** [péint]（ペイント）：（絵を）描く
tanker [tǽŋkər]（タンカァ）：タンカー　**ship** [ʃíp]（シップ）：船

42

4 次の２つの文の内容を，現在分詞か過去分詞を使って１つの文で表しなさい。（８点×４）

(1) Look at the little girl. She is playing with a dog.

____

(2) This is the new bike. It was given to me by my father.

____

(3) Don't wake the baby. He is sleeping in the bed.

____

(4) These are the pictures. They were taken by Fred.

____

5 次の語群を並べかえて，正しい英文にしなさい。（８点×２）

(1) I don't (a / used / buy / to / car / want).

I don't ______________________________.

(2) I (know / the / the / swimming / children / in) river.

I ______________________________ river.

6 次の日本文を英文になおしなさい。（８点×２）

(1) ピアノを弾いている少女は彩（あや）です。

____

(2) これらはトム(Tom)によって集められた切手です。

____

4 (1)「犬と遊んでいるかわいい女の子をごらんなさい」
(2)「これは父から私に与えられた新しい自転車です」
(3)「ベッドで寝ている赤ちゃんを起こしてはいけません」
(4)「これらはフレッドによって撮られた写真です」

5 (1)「私は中古車を買いたいとは思いません」
(2)「私は川で泳いでいる子どもたちを知っています」

6 (1)「ピアノを弾く」＝play the piano。主語はThe girlにする。
(2)「集める」＝collect。
「切手」＝stamp。

解答は別冊 P.10

さらに一歩！ ●過去分詞は受動の意味だけを表すのですか？

受動的な意味をもつのは目的語をとる動詞〔他動詞〕です。これに対し，目的語を必要としない動詞〔自動詞〕は「～してしまった」という完了の意味を表します。fall(落ちる)の過去分詞 fallen を覚えておきましょう。

Collect the **fallen** leaves at once.（すぐに落ち葉〔←落ちてしまった葉〕を集めなさい。）

little [lítl]（リトゥル）:小さい，かわいい　**play with ～**:～と遊ぶ　**bike** [báik]（バイク）:自転車　**wake** [wéik]（ウェイク）:起こす
sleep [slíːp]（スリープ）:眠る　**taken** [téikən]（テイクン）:take(とる)の過去分詞　**buy** [bái]（バイ）:買う　**collect** [kəlékt]（コレクト）:集める　43

セクション 3-2

分詞・動名詞 ②

44

チェック 13

1 チェック 13 動名詞

1 動名詞

動詞の～ing 形が文中で名詞と同じ働きをすることがある。動詞の目的語，主語，補語，前置詞の目的語として用いられる。この～ing 形のことを**動名詞**という。

- I like **swimming** in the sea. （私は海で泳ぐのが好きです。） 〈動詞の目的語〉
- **Walking** is good exercise. （散歩はよい運動です。） 〈主語〉
- My hobby is **collecting** stamps. （私の趣味は切手を集めることです。） 〈補語〉
- He is good at **swimming**. （彼は水泳が得意です。） 〈前置詞の目的語〉

＊前置詞の目的語になる動名詞を使った表現

・**前置詞＋～ing**：without ～ing（～しないで） after ～ing（～するあとで） before ～ing（～する前に） by ～ing（～することで，～することによって）

・**be＋形容詞＋前置詞＋～ing**：be good at ～ing（～することが得意だ） be fond of ～ing（～することが好きだ） be interested in ～ing（～することに興味がある） be afraid of ～ing（～することを恐れる）

・成句など：look forward to ～ing（～するのを楽しみに待つ） How about ～ing?（～するのはどうですか） Thank you for ～ing.（～してくれてありがとう） think of ～ing（～することを考える）

2 動名詞と不定詞

動詞によって目的語に不定詞だけをとるもの，動名詞だけをとるもの，両方とるものがある。

① 不定詞だけ：want to ～（～したい） hope to ～（～することを望む） decide to ～（～すると決める〔決心する〕） plan to ～（～することを計画する）

② 動名詞だけ：enjoy ～ing（～して楽しむ） stop ～ing（～するのをやめる） finish ～ing（～するのを終える） give up ～ing（～するのをやめる〔あきらめる〕）

③ 両方とるもの：begin・start（始める） like（好む） love（大好きだ） continue（続ける）

次の２つの区別は大切なので，しっかり覚えておこう。

- He stopped ***talking*** with her.（彼は彼女と話すのをやめました。）〈目的語の動名詞〉
- He stopped ***to talk*** with her. （彼は彼女と話すために立ちどまりました。）

〈目的を表す副詞的用法の不定詞〉

●最重要文の練習● 次の英文を＿＿＿＿に書きましょう。

⑰ **I enjoy reading.** （私は読書を楽しみます。）

reading.

＿＿＿＿＿＿＿＿＿＿＿＿＿＿＿＿ ＿＿＿＿＿＿＿＿＿＿＿＿＿＿＿＿

⑱ **He is good at swimming.** （彼は水泳が得意です。）

at swimming.

＿＿＿＿＿＿＿＿＿＿＿＿＿＿＿＿ ＿＿＿＿＿＿＿＿＿＿＿＿＿＿＿＿

▶▶▶ポイント確認ドリル

解答は別冊 P.11

1 下線部が動名詞の文を2つ選び，記号を書いて日本文になおしなさい。

ア My sister is reading an interesting book.

イ Has your sister finished reading the book?

ウ The girl reading a book is my sister.

エ Reading English books is a lot of fun.

□〔　　〕（　　　　　　　　　　　　　　　　　　　　　　　　　）

□〔　　〕（　　　　　　　　　　　　　　　　　　　　　　　　　）

2 各文の（　）内から適する語句を選んで，＿＿に書きなさい。

□(1) Did you enjoy (swimming, to swim) in the sea? ＿＿＿＿＿＿

□(2) I don't want (seeing, to see) you again. ＿＿＿＿＿＿

□(3) I've decided (going, to go) to college. ＿＿＿＿＿＿

□(4) He left the room without (saying, to say) goodbye. ＿＿＿＿＿＿

3 次の語群を日本文に合うように並べかえて，全文を書きなさい。

□(1) 彼は泣くのをやめませんでした。 He (crying / didn't / stop).

＿＿＿＿＿＿＿＿＿＿＿＿＿＿＿＿＿＿＿＿＿＿＿＿＿＿＿＿＿＿

□(2) 彼女は走るのが得意です。 She (at / running / is / good).

＿＿＿＿＿＿＿＿＿＿＿＿＿＿＿＿＿＿＿＿＿＿＿＿＿＿＿＿＿＿

このページの単語・熟語

enjoy [indʒɔ́i]（インヂョイ）:楽しむ **interesting** [íntrəstiŋ]（インタレスティング）:おもしろい **a lot of fun**:とても楽しい
sea [síː]（スィー）:海 **again** [əgén]（アゲン）:再び，もう一度 **decide** [disáid]（ディサイド）:決める
college [kálidʒ]（カレッヂ）:大学

45

分詞・動名詞 ②
動名詞

月　日
点

1 各文の(　)内の語を動名詞か不定詞にして，＿＿に書きなさい。

（3点×6）

(1) We all enjoyed (swim) in the pool. ＿＿＿＿

(2) Everybody wants (live) in peace. ＿＿＿＿

(3) Thank you for (come) to my party. ＿＿＿＿

(4) When did you finish (write) the letter? ＿＿＿＿

(5) I hope (study) American history at college. ＿＿＿＿

(6) You should give up (eat) too much. ＿＿＿＿

1 enjoy, finish や give up は不定詞を目的語にできない。前置詞の目的語にも不定詞を使うことはできない。want, hope などは動名詞を目的語にすることはできない。

2 次の英文を日本文になおしなさい。（3点×4）

(1) My father stopped talking with the young woman.

(　　　　　　　　　　　　)

(2) My father stopped to talk with the young woman.

(　　　　　　　　　　　　)

(3) I'm looking forward to hearing from you.

(　　　　　　　　　　　　)

(4) How about going to the movies tonight?

(　　　　　　　　　　　　)

2 (1)・(2)stopのあとの～ing形はstopの目的語で，to ～は「～するために」という目的を表す副詞的用法の不定詞になる。(3)・(4)成句に動名詞が使われていることに注意。look forward toはこの文のように進行形で使われることが多い。

3 次の各文の下線部に適語を入れ，日本文に相当する英文を完成しなさい。（完答4点×3）

(1) 彼はさようならを言わずに部屋を去りました。

He left the room ＿＿＿＿ ＿＿＿＿ goodbye.

(2) 彼女は夜に出かけることを恐れています。

She is afraid ＿＿＿＿ ＿＿＿＿ out at night.

(3) 彼は京都を訪れる予定でいます。

He is planning ＿＿＿＿ ＿＿＿＿ Kyoto.

3 (1)前置詞のあとに動名詞を使う。前置詞はwithout。(2)be afraid of ～ingの形にする。(3)planは不定詞を目的語にする。「訪れる」＝visit。

このページの単語・熟語

pool [púːl]（プール）：プール　**live** [lív]（リヴ）：暮らす，生きる　**in peace**：平和に，静かに
history [hístəri]（ヒストゥリィ）：歴史　**hear from ～**：～から便りをもらう
go to the movies：映画を見に行く　**tonight** [tənáit]（トゥナイト）：今夜(は)

46

4 次の各組の文の内容がほぼ同じになるように，＿＿に適語を入れなさい。 （完答４点×５）

(1) { Tom likes to run in the park.
Tom is ＿＿＿＿ of ＿＿＿＿ in the park.

(2) { Kate can play tennis well.
Kate is ＿＿＿＿ at ＿＿＿＿ tennis.

(3) { To collect stamps is interesting to me.
I'm interested ＿＿＿＿ ＿＿＿＿ stamps.

(4) { Bob talked with Jane. Bob enjoyed it very much.
Bob ＿＿＿＿ ＿＿＿＿ with Jane very much.

(5) { Ken stopped talking and listened to music.
Ken stopped ＿＿＿＿ ＿＿＿＿ listen to music.

5 次の語群を並べかえて，正しい英文にしなさい。 （９点×２）

(1) (is / in / river / swimming / very / this) dangerous.

＿＿＿＿＿＿＿＿＿＿＿＿ dangerous.

(2) Ken read the (dictionary / book / without / a / using).

Ken read the ＿＿＿＿＿＿＿＿＿＿＿＿.

6 次の日本文を英文になおしなさい。 （10点×２）

(1) 彼は英語で書かれたその手紙を読み終えました。

＿＿＿＿＿＿＿＿＿＿＿＿

(2) 私の姉は英語の先生になる決心をしました。

＿＿＿＿＿＿＿＿＿＿＿＿

4 (1)likeと同じ意味にする。ofのあとに動名詞を続ける。
(2)「～を上手にできる」を「～することが得意だ」と考える。
(3)「集めることはおもしろい」を「集めることに興味がある」と考える。
(4)「話して楽しんだ」と考える。
(5)「音楽を聞くために話すのをやめた」の意味に。listenが原形であることに注意。

5 (1)「この川で泳ぐのはとても危険です」。動名詞を主語に使う。
(2)「健は辞書を使わずにその本を読みました」

6 (1)「英語で書かれた」には後置の過去分詞を使う。
チェック12
(2)「決心する」＝decide。decideは不定詞を目的語にする。

解答は別冊 P.11

さらに一歩！ ●目的語に動名詞と不定詞がとれる動詞はどれも同じ意味になるのですか？

次のような動詞は，動名詞と不定詞で意味が異なってきますから注意しましょう。

{ try to ～ （～しようと努める）
try ～ing （ためしに～してみる）

{ remember to ～ （忘れずに～する）
remember ～ing （～したことを覚えている）

run [rʌ́n]（ラン）：走る **collect** [kəlékt]（コレクト）：集める **stamp** [stǽmp]（スタンプ）：切手 **talk with ～**：～と話す
listen to ～：～を聞く **dangerous** [déindʒərəs]（デインヂャラス）：危険な **dictionary** [díkʃənèri]（ディクショネリィ）：辞書

47

セクション 4-1 不定詞 ①

チェック 14

1 チェック 14 不定詞の基本 3 用法

〈to＋動詞の原形〉の形を**不定詞**（またはto不定詞）といい，文中での働きから，**名詞的用法**，**副詞的用法**，**形容詞的用法**の 3 つがある。

1 **名詞的用法**：**「～すること」**の意味で名詞の働き。動詞の目的語，文の主語・補語になる。

- I want **to watch *TV***.〈動詞の目的語〉（私はテレビを見たい。）
- **To eat *too much*** is bad for your health.〈文の主語〉（食べすぎは健康に悪い。）
- My dream is **to be *a* doctor**.〈文の補語〉（私の夢は医者になることです。）

不定詞が動詞の目的語になる形	want[wish] to ～（～したい）　like to ～（～するのが好きだ）　begin[start] to ～（～し始める）　try to ～(～しようとする)　need to ～（～する必要がある）　hope to ～（～することを望む）　decide to ～（～しようと決める）

参考 **would like to ～**は「～したい(のだが)」の意味で，want to ～の控え目な表現になる。

2 **副詞的用法**：副詞と同じ働きをし，動詞や形容詞を修飾する。

① 目的を表す用法：**「～するために，～しに」**の意味で動詞を修飾し，動作の**目的**を表す。

- He *went* to Paris **to study *art***.（彼は芸術を勉強するためにパリへ行きました。）

② 原因を表す用法：**「～して」**の意味。感情を表す形容詞を修飾し，感情の**原因・理由**を表す。

- I am very *happy* **to see *you***.（私はあなたに会えてとてもうれしい。）

原因を表す不定詞の用法	be happy to ～（～してうれしい）　be glad to ～（～してうれしい）　be sorry to ～（～して気の毒〔残念〕だ）　be sad to ～（～して悲しい）　be surprised to ～（～して驚く）　be angry to ～（～して怒る）

3 **形容詞的用法**：**「～すべき，～する(ための)」**の意味で，**(代)名詞をうしろから修飾**する。

- I want *a book* **to read *on the train***.（私は電車の中で読む本がほしい。）

✓注 -thing で終わる代名詞に形容詞がつくときは**〈-thing＋形容詞＋to ～〉**の語順になる。

- I want ***something cold*** **to drink**.（私は何か冷たい飲み物がほしい。）

この用法では，もともと動詞が前置詞を伴っているときは，その前置詞が不定詞のあとに残る。

- He has *no house* **to live *in***.（彼には住む家がありません。）
  [live in ～で「～に住む」の意味]
- I have *no friends* **to play *with***.（私にはいっしょに遊ぶ友だちがいません。）
  [play with ～で「～と遊ぶ」の意味で，この with は省略できない]

●最重要文の練習● 次の英文を＿＿＿に書きましょう。

⑲ **He went to Paris to study art.** （彼は芸術を勉強するためにパリへ行きました。）

to study

＿＿＿＿＿＿＿＿＿＿＿＿＿＿＿＿　＿＿＿＿＿＿＿＿＿＿＿＿＿＿＿＿

⑳ **I'm happy to see you.** （私はあなたに会えてうれしい。）

to see

＿＿＿＿＿＿＿＿＿＿＿＿＿＿＿＿　＿＿＿＿＿＿＿＿＿＿＿＿＿＿＿＿

▶▶▶ポイント確認ドリル

解答は別冊 P.12

1 各文の（　）内から適する語句を選んで，＿＿に書きなさい。

□(1) Did you come here (seeing, to see) me yesterday? ＿＿＿＿＿＿

□(2) Don't stop (talking, to talk). I want to hear the end of the story. ＿＿＿＿＿＿

□(3) I want something (eat, to eat). ＿＿＿＿＿＿

□(4) I would like (knowing, to know) your name and address. ＿＿＿＿＿＿

□(5) You need (finishing, to finish) your homework first. ＿＿＿＿＿＿

2 下線部の不定詞が名詞的用法なら **A** を，目的を表す副詞的用法なら **B** を，原因を表す副詞的用法なら **C** を，形容詞的用法なら **D** を書きなさい。

□(1) My sister went to the store <u>to buy</u> some eggs. 〔　　〕

□(2) I have a lot of things <u>to do</u> today. 〔　　〕

□(3) She began <u>to talk</u> about her family. 〔　　〕

□(4) I was happy <u>to hear</u> the news. 〔　　〕

3 次の語群を日本文に合うように並べかえて，全文を書きなさい。

□(1) 私は彼女に会いたくありません。 I (want / to / see / don't) her.

＿＿＿＿＿＿＿＿＿＿＿＿＿＿＿＿＿＿＿＿＿＿＿＿＿＿＿＿＿＿

□(2) 彼は音楽を勉強するためにそこへ行きました。 He went there (music / study / to).

＿＿＿＿＿＿＿＿＿＿＿＿＿＿＿＿＿＿＿＿＿＿＿＿＿＿＿＿＿＿

このページの単語・熟語

Paris [pǽris]（パリス）：パリ　**art** [ɑ́ːrt]（アート）：芸術　**hear** [híər]（ヒア）：聞く　**end** [énd]（エンド）：終わり，最後
address [ǽdres]（アドゥレス）：住所　**first** [fə́ːrst]（ファースト）：まず，最初に　**egg** [ég]（エッグ）：卵

49

不定詞 ①
不定詞の基本 3 用法

月　　日
点

1 次の(1)～(6)の下線部の不定詞と同じ用法のものを **A** ～ **C** から選び，その記号で答えなさい。（3点×6）

(1) There are a lot of things <u>to see</u> in Kyoto. 〔　　〕

(2) He decided <u>to go</u> to the meeting. 〔　　〕

(3) I'm going there <u>to buy</u> some stamps. 〔　　〕

(4) Children go to school <u>to learn</u> things. 〔　　〕

(5) I have bought a book <u>to read</u> on the journey. 〔　　〕

(6) <u>To eat</u> too much is bad for your health. 〔　　〕

A : <u>To play</u> with fire is dangerous.

B : Please give me something <u>to drink</u>.

C : He worked hard <u>to earn</u> a lot of money.

1 **A** は名詞的用法，**B** は形容詞的用法，**C** は副詞的用法。
(1) things を修飾。
(2)目的語になっている。
(3)「目的」を表している。
(4)「目的」を表している。
(5) book を修飾。
(6)主語になっている。

2 次の英文を日本文になおしなさい。（3点×2）

(1) The car is waiting to take you to the station.
(　　　　　　　　　　　　　　　　　　　　)

(2) Our plan was to walk across the desert.
(　　　　　　　　　　　　　　　　　　　　)

2 (1) to take ～は副詞的用法で「目的」を表している。
(2) to walk ... は名詞的用法で，補語になっている。

3 次の各組の文の内容がほぼ同じになるように，＿＿に適語を入れなさい。（完答3点×4）

(1) I must read some books this week.
　　I have some books ＿＿＿＿ ＿＿＿＿ this week.

(2) I don't want to drink anything.
　　I don't want anything ＿＿＿＿ ＿＿＿＿.

(3) He is busy now.
　　He has a lot of things ＿＿＿＿ ＿＿＿＿ now.

(4) What are you planning to do tomorrow?
　　What's ＿＿＿＿ ＿＿＿＿ for tomorrow?

3 (1)～(3)形容詞的用法の不定詞を使う。
(4)空所には〈所有格＋名詞〉が入る。

このページの単語・熟語

journey [dʒə́ːrni]（ヂャーニィ）: 旅行　**health** [hélθ]（ヘルス）: 健康　**fire** [fáiər]（ファイア）: 火
dangerous [déindʒərəs]（デインヂャラス）: 危険な　**earn** [ə́ːrn]（アーン）: かせぐ　**plan** [plǽn]（プラン）: 計画(する)
desert [dézərt]（デザァト）: 砂漠

50

4 (1)～(5)と内容的に最もうまくつながるものを下のア～オから選び，記号を書きなさい。同じものは2度使わないこと。（6点×5）

(1) I have no money 〔　　〕

(2) To get up early is 〔　　〕

(3) A lot of people came 〔　　〕

(4) He will be very sorry 〔　　〕

(5) The job of a nurse is 〔　　〕

ア good for your health.

イ to help sick people with a doctor.

ウ to hear the bad news.

エ to give you today.

オ to see her performance.

4 それぞれ次の意味にする。
(1)「今日私にはあなたにあげるお金はありません」
(2)「早起きは健康によい」
(3)「多くの人たちが彼女の演技を見にやって来ました」
(4)「彼はその悪い知らせを聞いてとても残念に思うでしょう」
(5)「看護師の仕事は医者とともに病気の人を助けることです」

5 次の語群を並べかえて，正しい英文にしなさい。（8点×2）

(1) She (to / be / surprised / hear / will / the) news.

She ______________________________ news.

(2) I (of / a / books / lot / to / had) read.

I ______________________________ read.

5 (1)原因を表す副詞的用法の不定詞を使う。be surprised で「驚く」。
(2)形容詞的用法の不定詞を使う。

6 次の日本文を英文になおしなさい。（9点×2）

(1) 私はあなたに再びお会いしてとてもうれしかった。

____

(2) 私はあなたと遊んでいる時間はありません。

____

6 (1)「再び」= again。「うれしい」= happy, glad。
(2)「～と遊ぶ」= play with ～。「時間」= time。

解答は別冊 P.12

さらに一歩！ ●不定詞のあとに前置詞がくる用法では前置詞の意味が重要なのですね？

その通りです。write という動詞を例にとって，次の2つの英語を比べてみましょう。

something **to write *with*** (〔ペンなどの〕何か書くもの) 〔← write with a pen の関係〕

something **to write *on*** (〔紙などの〕何か書くもの) 〔← write on paper の関係〕

money [mʌ́ni]（マニィ）:お金　**get up**:起きる　**early** [ə́ːrli]（アーリィ）:早く　**sorry** [sári]（サリィ）:残念な　**nurse** [nə́ːrs]（ナース）:看護師
performance [pərfɔ́ːrməns]（パフォーマンス）:演奏，演技　**be surprised**:驚く　**again** [əgén]（アゲン）:再び

51

52

不定詞 ②

チェック 15・16

1 チェック15 疑問詞＋to ～

〈疑問詞＋to ～〉が〈S＋V＋O〉のOの位置や，〈S＋V＋O＋O〉の直接目的語［あとのO］の位置にくる言い方がある。

〈疑問詞＋to ～〉の表す意味	how to ～（～のしかた，～する方法） what to ～（何を～したらよいか〔すべきか〕） when to ～（いつ～したらよいか〔すべきか〕） where to ～（どこで〔に〕～したらよいか〔すべきか〕） which (...) to ～（どちら［の…］を～したらよいか〔すべきか〕）

もとの疑問詞の意味を考えてね。

- I don't know **how to drive a car**.（私は車の運転のしかたを知りません。）
  S　V　O（動詞 know の目的語）
- I asked him **how to drive a car**.（私は彼に車の運転のしかたをたずねました。）
  S　V　O　O（him が間接目的語〔「～に」〕；how to ～が直接目的語〔「～を」〕）
- I didn't know **what to say**.（私は何を言ってよいのかわかりませんでした。）
- Please tell me **when to go there**.
  （いつそこに行ったらよいのか私に教えてください。）
- He told me **where to go**.（彼は私にどこに行けばいいのか教えてくれました。）
- I want to know **which (book) to read**.（どちら［の本］を読んだらいいか知りたい。）

✓注　同じ疑問詞でも why to ～という形はない。

2 チェック16 tell＋目的語＋to ～

動詞のあとに目的語がきて，そのあとに不定詞が続く形がある。このときの目的語はあとの不定詞の意味上の主語になっている。次の3つの言い方を覚えておこう。

〈...〉の位置の語が不定詞の意味上の主語になるんだね。

〈動詞＋目的語＋to ～〉	tell ... to ～（…に～するように言う） ask ... to ～（…に～するように頼む） want ... to ～（…に～してもらいたい）

- I **told** him **to open** the windows.（私は彼に窓を開けるように言いました。）
- I **asked** him **to help** me.（私は彼に私を手伝ってくれるように頼みました。）
- I **want** you **to study** harder.（私はあなたにもっと熱心に勉強してほしい。）

●最重要文の練習● 次の英文を＿＿＿＿に書きましょう。

㉑ **I know how to drive a car.** （私は車の運転のしかたを知っています。）

how to drive ＿＿＿＿＿＿＿＿ ＿＿＿＿＿＿＿＿

㉒ **I told him to open the door.** （私は彼にドアを開けるように言いました。）

told to open ＿＿＿＿＿＿＿＿ ＿＿＿＿＿＿＿＿

▶▶▶ポイント確認ドリル

解答は別冊 P.13

1 次のような場合英語でどう言えばよいか，＿＿に適する語を書きなさい。

□(1) 相手にコンピュータの使い方がわからないことを伝える場合。

I don't know ＿＿＿＿＿＿ to use a computer.

□(2) どこでチケットを入手すればいいか知りたい場合。

I want to know ＿＿＿＿＿＿ to get the ticket.

□(3) 今何をすればいいか知りたい場合。

I want to know ＿＿＿＿＿＿ to do now.

2 各文の（　）内から適する語句を選んで，＿＿に書きなさい。

□(1) Please tell him (come, to come) to my room. ＿＿＿＿＿＿

□(2) I asked her (helping, to help) me. ＿＿＿＿＿＿

□(3) I want you (studying, to study) English harder. ＿＿＿＿＿＿

□(4) Did you (tell, say) him to stay home? ＿＿＿＿＿＿

3 次の語群を日本文に合うように並べかえて，全文を書きなさい。

□(1) 私は魚の料理のしかたを知っています。 I know (to / cook / how) fish.

＿＿＿＿＿＿＿＿＿＿＿＿＿＿＿＿＿＿＿＿

□(2) 彼にその車を洗うように言いなさい。 (to / tell / him) wash the car.

＿＿＿＿＿＿＿＿＿＿＿＿＿＿＿＿＿＿＿＿

このページの単語・熟語

drive [dráiv]（ドゥライヴ）：運転する **open** [óupən]（オウプン）：開ける **use** [jú:z]（ユーズ）：使う **get** [gét]（ゲット）：手に入れる **ticket** [tíkit]（ティケット）：チケット，切符 **stay home**：家にいる **cook** [kúk]（クック）：料理する **fish** [fíʃ]（フィッシュ）：魚

53

不定詞 ②
疑問詞＋to ～ // tell＋目的語＋to ～

月　日
点

1 次の各文の下線部に適語を入れ，日本文に相当する英文を完成しなさい。（完答 4 点× 3 ）

(1) あなたは何をすべきかを考えなければなりません。
You must think ＿＿＿＿ to ＿＿＿＿.

(2) 彼は彼らにその仕事を始めるように頼みました。
He asked them ＿＿＿＿ ＿＿＿＿ the work.

(3) どちらを買ったらいいかアドバイスしてくれませんか。
Will you advise me ＿＿＿＿ ＿＿＿＿ buy?

1 (1)・(3)〈疑問詞＋to ～〉の形にする。「何を」「どちらを」に注目する。
(2)「…に～するように頼む」はどう言うかを考える。

2 次の英文を日本文になおしなさい。（ 3 点× 4 ）

(1) She asked the conductor where to get off the train.
(　　　　　　　　　　　　　　　　　　　　)

(2) I want someone to take this letter to the post office.
(　　　　　　　　　　　　　　　　　　　　)

(3) He explained how to use the new computer.
(　　　　　　　　　　　　　　　　　　　　)

(4) He promised me to come early.
(　　　　　　　　　　　　　　　　　　　　)

2 (1)the conductorが間接目的語，where以下が直接目的語。
重要
(2)・(4)**〈want[ask, tell] ... to ～〉の文では，to ～の不定詞の意味上の主語は，動詞のあとの目的語になるが，promiseの文では，不定詞の主語は文の主語になる。**

3 次の各組の文の内容がほぼ同じになるように，＿＿に適語を入れなさい。（完答 4 点× 3 ）

(1) My father said to me, “Wash the car.”
My father ＿＿＿＿ me ＿＿＿＿ wash the car.

(2) Kate said to me, “Please open the door.”
Kate ＿＿＿＿ me ＿＿＿＿ open the door.

(3) I hope my son will be an astronaut.
I want my son ＿＿＿＿ ＿＿＿＿ an astronaut.

3 **重要**
(1)・(2)**“ ”のある文を直接話法，ない文を間接話法というが，“ ”内が命令文ならtell ... to ～を，Please や Will you ～? で始まる文ならask ... to ～を使う。**

このページの単語・熟語
advise [ədváiz]（アドヴァイズ）：助言する　**conductor** [kəndʌ́ktər]（コンダクタァ）：車掌（しゃしょう）　**get off** ～：～を降りる
post office：郵便局　**explain** [ikspléin]（イクスプレイン）：説明する　**promise** [prɑ́mis]（プラミス）：約束する

54

4 次の語群を並べかえて，正しい英文にしなさい。ただし，不要な語が１つずつあります。（８点×４）

(1) Do (what / play / you / how / know / to / chess)?

Do ____?

(2) I (can't / what / decide / for / cook / why / to) dinner.

I ____ dinner.

(3) I (asked / to / to / said / her / the / go) party.

I ____ party.

(4) I (don't / to / stay / you / stayed / want) here.

I ____ here.

4 (1)「あなたはチェスのしかたを知っていますか」
(2)「私は夕食に何を料理したらいいのか決められません」
(3)「私は彼女にそのパーティーに行くように頼みました」
(4)「私はあなたにここにいてほしくありません」否定文になることに注意する。

5 次の日本文を英文になおしなさい。（８点×４）

(1) 私はどこへ行けばよいかたずねました。

____

(2) 駅へどう行ったらいいか私に教えてくれませんか。

____

(3) あなたの妹さんに皿を洗うように頼みなさい。

____

(4) 彼女はトム(Tom)に一生けんめい勉強しなさいと言いました。

____

5 (1)〈SVO〉の文型。「たずねる」= ask。
(2)「駅」= station。この文の「教える」は tell か show を使う。「～してくれませんか」は Will you ～? か Can you ～? でよい。
(3)「皿」= dish。「洗う」= wash。
(4)「一生けんめい」= hard。

解答は別冊 P.13

さらに一歩！ ●「～しないように言う〔頼む〕」はどう言えばいいのですか？

not を to ～の前に置いて，〈tell[ask] ... not to ～〉の形になります。次の例文を見ておきましょう。

My father **told** me **not to go** out.　（父は私に出かけないように言いました。）

I **asked** her **not to wait** for me.　（私は彼女に私を待たないように頼みました。）

chess [tʃés]（チェス）：チェス　**cook** [kúk]（クック）：料理する　**dinner** [dínər]（ディナァ）：夕食　**party** [pá:rti]（パーティ）：パーティー
stay [stéi]（ステイ）：いる，とどまる　**station** [stéiʃən]（ステイション）：駅　**dish** [díʃ]（ディッシュ）：皿　**wash** [wɑ́ʃ]（ワッシュ）：洗う

55

セクション 4-3 不定詞 ③

チェック 17・18

1 チェック 17 It ... (for ―) to ～

〈It is ... to ～〉の形で「～することは…である」の意味を表す。It は to 以下の不定詞を指す。このit を**形式主語**という。To ～ (is) ... の長い主語を避けるためによく使われる。

- **It** is dangerous **to swim in this river**. （この川で泳ぐことは危険です。）
  形式主語 ―― It は to 以下を指す：It = to swim in this river
- **It** was difficult **to solve the problem**. （その問題を解くのは難しかった。）

to ～の不定詞の行為者，つまり不定詞の意味上の主語をはっきりさせたいときは，to ～の前に**〈for＋人〉**を置けばよい。「人」が代名詞の場合は目的格にする。

- **It** is easy ***for me*** **to swim**. （私が泳ぐのは簡単なことです。）
  ↑ to swim の意味上の主語：「泳ぐ」のは「私」

2 チェック 18 too ... (for ―) to ～ / ... enough to ～など

1 too ... (for ―) to ～

〈too ... (for ―) to ～〉は不定詞を用いた重要表現で，「(―が)～するにはあまりに…すぎる」，あるいは「…すぎて(―には)～できない」の意味を表す。(〈...〉の部分には形容詞か副詞がくる)
この表現は，〈so ... that ― can't ～〉で書きかえることができる。 ☞チェック 21

- He was **too** tired **to** walk. （彼は疲れすぎて歩けませんでした。）
- This book is **too** difficult **for** me **to** read.（この本は私には難しすぎて読めません。）
  = This book is so difficult that I can't read it.

2 ... enough to ～

〈... enough to ～〉は「～するには十分…だ」，あるいは「十分…なので～できる」の意味を表す。
この表現は，〈so ... that ― can ～〉で書きかえることができる。 ☞チェック 21

- He is rich **enough to** buy the house.（彼はその家を買えるくらい十分に金持ちです。）
  = He is so rich that he can buy the house.
- You are not old **enough to** go there alone.
  （あなたはそこへひとりで行く年齢になっていません。）

＊「～するために」の意味を明確にさせるため in order to ～や so as to ～を使うこともある。

- He went to Paris **in order to** study art.（美術を勉強するためにパリへ行きました。）

●最重要文の練習● 次の英文を______に書きましょう。

㉓ **It is dangerous to swim in this river.** （この川で泳ぐことは危険です。）

It ______ to swim ______

㉔ **He was too tired to walk.** （彼は疲れすぎて歩けませんでした。）

______ too ______ to ______

▶▶▶ポイント確認ドリル

解答は別冊 P.13･14

1 各文の(　)内から適する語句を選んで，____に書きなさい。

□(1) (It, This) is important to study English. ______

□(2) He is (to, too) busy to go out. ______

□(3) It's easy (to, for) me to play the piano. ______

□(4) He is (rich, richer) enough to buy the car. ______

□(5) It's (exciting, excited) to watch soccer games. ______

□(6) You are (old enough, enough old) to see the movie. ______

2 次の英文を日本文になおしなさい。

□(1) It is difficult to read this English book.

(　　　　　　　　　　　　　　　　　　　　)

□(2) I'm too tired to cook dinner today.

(　　　　　　　　　　　　　　　　　　　　)

3 次の語群を日本文に合うように並べかえて，全文を書きなさい。

□(1) その質問に答えるのは簡単でした。 It was (to / answer / easy) the question.

______

□(2) 彼は働くのに十分な年齢です。 He is (enough / to / old) work.

______

このページの単語・熟語

dangerous [déindʒərəs]（デインヂャラス）：危険な　**tired** [táiərd]（タイアド）：疲れた

important [impɔ́ːrtənt]（インポータント）：重要な，大切な　**rich** [rítʃ]（リッチ）：金持ちの

difficult [dífikəlt]（ディフィカルト）：難しい　**question** [kwéstʃən]（クウェスチョン）：質問

57

不定詞 ③

It ... (for −) to ~ // too ... (for −) to ~ / ... enough to ~など

月　日

点

1 下線部に適するものを右から１つずつ選んで書きなさい。同じ語は２度使わないこと。（３点×６）

(1) His books are too difficult ＿＿＿＿＿ read.

(2) It's easy ＿＿＿＿＿ me to make you lunch.

(3) We go there ＿＿＿＿＿ order to meet her.

(4) This book is cheap ＿＿＿＿＿ to buy.

(5) It's ＿＿＿＿＿ dangerous to go there.

(6) ＿＿＿＿＿ is not easy to read this book.

too / to / it / for / in / enough

2 次の英文を日本文になおしなさい。（３点×４）

(1) Is it possible to go from England to Scotland by car?

(　　　　　　　　　　　　　　　　　　　　)

(2) This story is too long to read in a day.

(　　　　　　　　　　　　　　　　　　　　)

(3) This problem is too difficult for me to explain.

(　　　　　　　　　　　　　　　　　　　　)

(4) This book is easy enough for a six-year-old child to read.

(　　　　　　　　　　　　　　　　　　　　)

3 次の各文の下線部に適語を入れ，日本文に相当する英文を完成しなさい。（完答４点×３）

(1) これは彼女が運ぶには重すぎます。

This is too heavy ＿＿＿＿＿ her ＿＿＿＿＿ carry.

(2) 私の妹は学校に行ける年齢です。

My sister is ＿＿＿＿＿ ＿＿＿＿＿ to go to school.

(3) 早起きは簡単ではありません。

It ＿＿＿＿＿ easy ＿＿＿＿＿ get up early.

1 (1)空所の前のtooに注目する。
(2)不定詞の意味上の主語を表すもの。
(3)「～するために」の意味をはっきりさせるもの。
(4)直前に形容詞があることに注目。
(5)あとのtoに注目。
(6)形式主語になるもの。

2 (1)It is ... to ～. の疑問文。possibleの意味にも注意。
(2)・(3)「～するには…すぎる」と訳すと程度を表し，「あまりに…なので～」と訳すと結果を表すことになる。
(4)... enough to ～に意味上の主語を加えたもの。
six-year-old は「6歳の」の意味。

3 (1)too ... to ～の文に意味上の主語を加えたもの。
(2)「学校に行けるほど十分な年齢である」と考える。
(3)文頭のItは形式主語。否定文であることに注意。

このページの単語・熟語

cheap [tʃíːp]（チープ）：安い　**possible** [pɑ́səbl]（パスィブル）：可能な，できる　**in a day**：１日で
problem [prɑ́bləm]（プラブレム）：問題　**explain** [ikspléin]（イクスプレイン）：説明する　**heavy** [hévi]（ヘヴィ）：重い
carry [kǽri]（キャリィ）：運ぶ　**get up**：起きる

58

4 次の各組の文の内容がほぼ同じになるように，____に適語を入れなさい。 （完答４点×５）

(1) Speaking good English isn't easy.
____ isn't easy ____ speak good English.

(2) He is very rich. He can buy everything.
He is rich ____ ____ buy everything.

(3) The bag is very heavy. I can't move it.
The bag is ____ heavy for me ____ move.

(4) We are too busy to take a trip.
We have no ____ to take a trip.

(5) I know that because I am not a child.
I am old ____ to know that.

4 (1)動名詞の主語を形式主語を使って表す。
(2) rich が形容詞であることに注目する。
(3)運べるのか，運べないのかをまず確認する。
(4)忙しい状況というのは，何がないかを考える。
(5)上の文の that は接続詞ではなく，「それ」の意味の代名詞。

5 次の語群を並べかえて，正しい英文にしなさい。 （９点×２）

(1) It (natural / a / cry / for / baby / is / to).

It ____.

(2) She was (kind / buy / a / ticket / enough / to) for me.

She was ____ for me.

5 (1)「赤ん坊が泣くのはあたり前のことです」の文にする。
(2)「切符を買ってくれるほど親切でした」→「親切にも切符を買ってくれました」

6 次の日本文を指示にしたがって英文になおしなさい。 （10点×２）

(1) その問題を解くのは私には不可能でした。〔It で始めて〕

____

(2) この本はあまりに難しくて私には読めません。〔不定詞を使って〕

____

6 (1)「問題を解く」＝solve the problem。「不可能な」＝impossible。
(2)「難しい」＝difficult。

解答は別冊 P.14

さらに一歩！ ●「～するために」ではなく，「～しないように」はどう言えばいいのですか？

「～するために」の意味を強調するために in order to ～や so as to ～が使われることがありますが，「～しないように」の意味にするには，これらを使って so as[in order] not to ～の形にします。

He took a taxi **so as not to** be late. （彼は遅れないようにタクシーに乗りました。）

everything [évriθìŋ]（エヴリスィング）：何もかも　**move** [múːv]（ムーヴ）：動かす　**take a trip**：旅行に出かける
natural [nǽtʃərəl]（ナチュラル）：自然な，当然の　**ticket** [tíkit]（ティケット）：切符　**impossible** [impάsəbl]（インパスィブル）：不可能な

59

セクション 4-4

不定詞④

60

チェック 19

1 チェック 19 〈主語＋動詞＋目的語＋動詞の原形〉の文

不定詞は〈to＋動詞の原形〉が基本だが，特定の動詞によっては目的語のあとに to のない動詞の原形が続き，**〈主語＋動詞＋目的語＋動詞の原形〉**の形になる。

1 **「…に～させる」の意味を表す動詞：make**（強制的に～させる)。**let**（～させておく，～するのを許す)，**have**（～させる，～してもらう）などがある。（これらの動詞を使役（しえき）動詞という）

He **made** them **work** till late at night.（彼は夜遅くまで彼らを働かせました。）
（made ← 動詞　work ← to のない不定詞（原形不定詞））

Ken didn't **let** his sister **use** his dictionary.
（健は妹に辞書を使わせませんでした。）

I will **have** him **call** you later.（あとで彼に電話をさせます。）

2 **見聞きや感じたりすることを表す動詞：see，watch，look at**（見る)，**hear，listen to**（聞く)，**feel**（感じる)，**notice**（気づく）などがある。（これらの動詞を知覚（ちかく）動詞という）

I **saw** him **walk** across the street.（私は彼が道を横断するのを見ました。）

I **heard** her **sing** a new song.（私は彼女が新曲を歌うのを聞きました。）

I **felt** someone **touch** my shoulder.（私はだれかが肩に触れるのを感じました。）

注 〈make など＋目的語＋動詞の原形〉の文を受動態にすると，動詞の原形は to 不定詞になる。

He made them work till late at night.

➡ They were made **to work** till late at night.

I saw him walk across the street.

➡ He was seen **to walk** across the street.

3 **その他の注意すべき用法：〈help（＋目的語）＋動詞の原形〉**…「（目的語が）～するのを手伝う，手助けする」。ただし，to 不定詞を使うこともある。

I **helped** (her) **(to) carry** the box.
（私は（彼女が）箱を運ぶ手伝いをしました。）

〈get ＋目的語＋ to 不定詞〉…「…に～させる，～してもらう」の意味を表すが，get の場合は動詞の原形ではなく，to 不定詞を使う。

I **got** my son **to come** with me.（私は息子にいっしょに来てもらいました。）

●最重要文の練習● 次の英文を＿＿＿＿に書きましょう。

㉕ **He made them work till late at night.** （彼は夜遅くまで彼らを働かせました。）

made them work

㉖ **I saw him walk across the street.** （私は彼が道を横断するのを見ました。）

saw him walk

▶▶▶ポイント確認ドリル

解答は別冊 P.15

1 各文の（　）内から適する語を選んで，＿＿に書きなさい。

□(1) I heard her (sing, sang) at the concert. ＿＿＿＿＿＿

□(2) My mother didn't (let, let's) me go out last night. ＿＿＿＿＿＿

□(3) I don't want you (stay, to stay) here today. ＿＿＿＿＿＿

□(4) I saw the train (came, come) into the station. ＿＿＿＿＿＿

□(5) We had (finish, to finish) our homework last night. ＿＿＿＿＿＿

2 各文を（　）内の語を使って，例にならい **made** を使った文に書きかえるとき，＿＿に適する語を書きなさい。

〔例〕 They worked hard. (I made)

→ I made them work hard.

□(1) We walked in the rain. (The man made)

The man made ＿＿＿＿＿ ＿＿＿＿＿ in the rain.

□(2) I cleaned my room. (My mother made)

My mother made ＿＿＿＿＿ ＿＿＿＿＿ my room.

3 次の語群を日本文に合うように並べかえて，全文を書きなさい。

□(1) 私は彼に宿題を手伝ってもらいました。 I (help / him / had) me with my homework.

＿＿＿＿＿＿＿＿＿＿＿＿＿＿＿＿＿＿＿＿

□(2) 私は健が図書館に入っていくのを見ました。 I (Ken / saw / go) into the library.

＿＿＿＿＿＿＿＿＿＿＿＿＿＿＿＿＿＿＿＿

このページの単語・熟語

till late at night:夜遅くまで **walk across ～**:～を歩いて渡る **street** [strí:t](ストゥリート):通り
concert [kánsərt](カンサァト):コンサート **go out**:外出する **finish** [fíniʃ](フィニッシュ):終える
in the rain:雨の中を **help ～ with …**:～の…を手伝う

61

不定詞④ 〈主語＋動詞＋目的語＋動詞の原形〉の文

月　日　点

1 次の英文を日本文になおしなさい。（3点×4）

(1) The teacher made the students stand up.
(　　　　　　　　)

(2) She will not let you do that.
(　　　　　　　　)

(3) Shall I have him come here tomorrow?
(　　　　　　　　)

(4) Please help me carry the chairs to the classroom.
(　　　　　　　　)

1 (1) made (make の過去形)が使役動詞。stand が動詞の原形。(2) let が使役動詞。do が動詞の原形。(3) have が使役動詞。come が動詞の原形。(4) help の目的語のあとの carry が動詞の原形。

2 下線部に適するものを下から1つずつ選び，＿＿に書きなさい。ただし，同じ語は2度使わないこと。（3点×4）

(1) Did you see her ＿＿＿＿ the house?

(2) I saw my daughter ＿＿＿＿ the violin at the concert.

(3) We felt the house ＿＿＿＿ just now.

(4) Did you notice anyone ＿＿＿＿ in?

come　leave　shake　play

2 空所の前の目的語が原形不定詞の意味上の主語になる。空所の直後の語との関係も考える。(1)彼女が(目的語)家(直後の語)をどうした(動詞の原形)のように考える。

3 次の各文の下線部に適語を入れ，日本文に相当する英文を完成しなさい。ただし，～ing 形は使わないこと。（完答4点×3）

(1) 私は彼らがサッカーについて話すのを聞きました。
I ＿＿＿＿ to them ＿＿＿＿ about soccer.

(2) 彼女は自分の犬を外で待たせました。
She ＿＿＿＿ her dog ＿＿＿＿ outside.

(3) 私が宿題をするのを手伝ってくれませんか。
Will you ＿＿＿＿ me ＿＿＿＿ my homework?

3 (1) to があるので，知覚動詞は listen に。(2)「強制的に待たせる」の意味なので，使役動詞は make。(3)「手伝う」は help。

このページの単語・熟語

Shall I ～?：～しましょうか。 **daughter** [dɔ́ːtər]（ドータァ）：娘 **violin** [vàiəlín]（ヴァイオリン）：バイオリン **felt** [félt]（フェルト）：**feel**(感じる)の過去形 **notice** [nóutis]（ノウティス）：気づく **shake** [ʃéik]（シェイク）：揺れる **outside** [áutsáid]（アウトサイド）：外で〔に〕

62

4 次の各組の文の内容がほぼ同じになるように，＿＿に適する語を書きなさい。（完答 8 点× 3）

(1) Why did you think so?
What ＿＿＿＿ you ＿＿＿＿ so?

(2) My mother didn't allow me to go out last night.
My mother didn't ＿＿＿＿ me ＿＿＿＿ out last night.

(3) We saw her enter the room.
She was seen ＿＿＿＿ ＿＿＿＿ the room.

4 (1)「あなたはなぜそう考えたのですか」がもとの文の意味。これを使役動詞を使って表す。
(2) allow ... to ～がどういう意味かをまず考える。
(3)動詞の原形が知覚動詞の文に使われているとき，これを受動態にするとどうなるかを考える。

5 次の語群を並べかえて，正しい英文にしなさい。（8 点× 3）

(1) Did you (the old woman / walk / the / help / across) bridge?
Did you ＿＿＿＿＿＿＿＿ bridge?

(2) Please (me / know / your / phone / let) number.
Please ＿＿＿＿＿＿＿＿ number.

(3) I (something / foot / touch / felt / my).
I ＿＿＿＿＿＿＿＿.

5 (1)「あなたはそのご年配の女性が橋を渡るのを手伝ったのですか」の意味。
(2)「あなたの電話番号を教えてください」の意味。
(3)「私は何かが足に触れるのを感じました」

6 次の日本文を，(　)内の語を必要に応じて適切な形にかえて英文になおしなさい。（8 点× 2）

(1) 私は彼女が泣くのを聞きました。(hear, cry)
＿＿＿＿＿＿＿＿

(2) 母は私が水泳に行くのを許してくれないでしょう。(let, go, swim)
＿＿＿＿＿＿＿＿

6 (1) hear が知覚動詞になる。目的語は「彼女」。
(2)「～ないでしょう」は will not [won't] を使って表す。
「～しに行く」は go ～ing。

解答は別冊 P.15

さらに一歩！ ● **hear や see の文に～ing が使われた文を見たことがありますか？**

はい，～ing 形を使うこともできます。動詞の原形を使うと動作全体を，～ing は動作の途中を表します。
hear him sing（歌うのを聞く）　hear him singing（歌っているのを聞く）

so [sóu]（ソウ）: そう，そのように　**allow ... to ～**: …が～するのを許す　**enter** [éntər]（エンタァ）: ～に入る
bridge [brídʒ]（ブリッヂ）: 橋　**number** [nʌ́mbər]（ナンバァ）: 番号　**something** [sʌ́mθiŋ]（サムスィング）: 何か　**foot** [fút]（フット）: 足　**cry** [krái]（クライ）: 泣く
go swimming: 水泳に行く

63

解答は別冊 P.16

月　日　点

分詞・動名詞 / 不定詞

1 正しい英文になるように，(　)内の語を適切な形にかえて，下線部に書きなさい。ただし，2語になるものもあります。(3点×5)

1 We all enjoyed ____________ at the party. (dance)

2 I didn't know what ____________ next. (do)

3 The boy ____________ with my mother is Fred. (talk)

4 Why did you decide ____________ to the party? (go)

5 She went out without ____________ goodbye. (say)

2 次の英文を日本文になおしなさい。(4点×2)

1 I don't want to go to the party tonight.

(　　　　　　　　　　　　　　　　　　　　)

2 I don't want you to go to the party tonight.

(　　　　　　　　　　　　　　　　　　　　)

3 日本文に相当する英文になるように，下線部には適語を入れ，(　)内からは適切な語を選びなさい。(完答3点×5)

1 私は日本製の自動車を買いたいです。

I want to buy a car ____________ (in, for) Japan.

2 このコーヒーは熱くて飲めません。

This coffee is (so, too) hot ____________ drink.

3 あなたはその本を今度の月曜日までに読み終えなければなりません。

You must finish ____________ the book (by, in) next Monday.

4 彼はその知らせを聞いて驚くでしょう。

He will be surprised ____________ (hear, heard) the news.

5 私は人形を作ることに興味はありません。

I'm not interested (on, in) ____________ dolls.

このページの単語・熟語

dance [dǽns]（ダンス）：踊る　**next** [nékst]（ネクスト）：次に　**talk with ～**：～と話す
without [wiðáut]（ウィザウト）：～せずに　**tonight** [tənáit]（トゥナイト）：今夜は　**be surprised**：驚く
be interested in ～：～に興味がある

64

4 次の各組の文の内容がほぼ同じになるように，＿＿に適語を入れなさい。（完答５点×２）

1 { My father took this picture.
This is the picture ＿＿＿＿＿＿ ＿＿＿＿＿＿ my father.

2 { Ken said to me, "Will you close the windows?"
Ken ＿＿＿＿＿＿ me ＿＿＿＿＿＿ close the windows.

5 次の各文を〔　〕内の指示にしたがって書きかえなさい。（８点×２）

1 We stayed at the hotel. It was built in 1900. 〔分詞を使って１つの文に〕

＿＿＿＿＿＿＿＿＿＿＿＿＿＿＿＿＿＿＿＿＿＿＿＿＿＿＿＿＿＿

2 I can't solve this difficult problem. 〔It で始まる同じ意味の文に〕

＿＿＿＿＿＿＿＿＿＿＿＿＿＿＿＿＿＿＿＿＿＿＿＿＿＿＿＿＿＿

6 次の語群を，日本文に合うように並べかえなさい。ただし，不要な語が１つずつあります。（８点×２）

1 ニュージーランドで話されている言葉は何ですか。
(language / spoken / what / New Zealand / is / in / the / speaking / ?)

＿＿＿＿＿＿＿＿＿＿＿＿＿＿＿＿＿＿＿＿＿＿＿＿＿＿＿＿＿＿

2 私にはその辞書を買うお金がありません。
(have / for / money / dictionary / I / no / to / buy / the / .)

＿＿＿＿＿＿＿＿＿＿＿＿＿＿＿＿＿＿＿＿＿＿＿＿＿＿＿＿＿＿

7 次の日本文を英文になおしなさい。（10点×２）

1 あなたはその中古車を買うつもりですか。―― はい，そうです。

＿＿＿＿＿＿＿＿＿＿＿＿＿＿＿＿＿＿＿＿＿＿＿＿＿＿＿＿＿＿

2 いつ出発したらよいか私に教えてくれませんか。

＿＿＿＿＿＿＿＿＿＿＿＿＿＿＿＿＿＿＿＿＿＿＿＿＿＿＿＿＿＿

close [klóuz]（クロウズ）：閉める　**stay at ～**：～に泊まる　**hotel** [houtél]（ホウテル）：ホテル　**solve** [sálv]（サルヴ）：解く
problem [prábləm]（プラブレム）：問題　**language** [læŋgwidʒ]（ラングウィッヂ）：言語，言葉　**dictionary** [díkʃənèri]（ディクショネリィ）：辞書

65

　月　日　点

分詞・動名詞 / 不定詞

1 正しい英文になるように，(　)内の語を適切な形にかえて，下線部に書きなさい。ただし，2語になるものもあります。 (3点×5)

1 Give me something ____________. (eat)
2 He received a letter ____________ in French. (write)
3 I don't know the girl ____________ tennis over there. (play)
4 She asked me ____________ nothing about the matter. (say)
5 They ate some ____________ eggs for breakfast today. (boil)

2 次の英文を日本文になおしなさい。 (4点×2)

1 He stopped to take pictures of the scene.
(　　　　　　　　　　　　　　　　　　　　)
2 He stopped taking pictures of the scene.
(　　　　　　　　　　　　　　　　　　　　)

3 日本文に相当する英文になるように，下線部には適語を入れ，(　)内からは適切な語を選びなさい。 (完答3点×5)

1 私は彼女に何を言ったらよいかわかりません。
I don't know (how, what) ____________ say to her.
2 洗い終わった皿が3枚テーブルの上にありました。
There (was, were) three ____________ dishes on the table.
3 あなたは犬といっしょに走っている少年を知っていますか。
Do you know the boy ____________ (with, under) his dog?
4 どこでそのDVDを買えばいいのか教えてください。
Please tell me (where, when) ____________ buy the DVD.
5 毎日英語を勉強することは大切なことです。
(That, It) is important ____________ study English every day.

このページの単語・熟語
receive [risíːv]（リスィーヴ）: 受け取る　**over there**: 向こうで　**nothing** [nʌ́θiŋ]（ナスィング）: 何も～ない
matter [mǽtər]（マタァ）: ことがら，問題　**egg** [ég]（エッグ）: 卵　**boil** [bɔ́il]（ボイル）: ゆでる　**scene** [síːn]（スィーン）: 景色
66

4 次の各組の文の内容がほぼ同じになるように，＿＿に適語を入れなさい。（完答５点×２）

1 { Helen likes to listen to classical music.
  Helen is ＿＿＿＿＿＿ of ＿＿＿＿＿＿ to classical music.

2 { Do you know the way to the station?
  Do you know ＿＿＿＿＿＿ ＿＿＿＿＿＿ get to the station?

5 次の各文を〔 〕内の指示にしたがって書きかえなさい。（８点×２）

1 Who is that man? He's singing by the door. 〔分詞を使って１つの文に〕

＿＿＿＿＿＿＿＿＿＿＿＿＿＿＿＿＿＿＿＿＿＿＿＿＿＿＿＿＿＿

2 Speaking good English is not easy. 〔It で始まる同じ意味の文に〕

＿＿＿＿＿＿＿＿＿＿＿＿＿＿＿＿＿＿＿＿＿＿＿＿＿＿＿＿＿＿

6 次の語群を，日本文に合うように並べかえなさい。ただし，不要な語が１つずつあります。（８点×２）

1 彼女は親切にも私を手伝ってくれました。
(enough / me / she / kind / help / too / was / to / .)

＿＿＿＿＿＿＿＿＿＿＿＿＿＿＿＿＿＿＿＿＿＿＿＿＿＿＿＿＿＿

2 今ピアノを弾いている少女を私は知りません。
(the / the / played / don't / girl / piano / now / playing / I / know / .)

＿＿＿＿＿＿＿＿＿＿＿＿＿＿＿＿＿＿＿＿＿＿＿＿＿＿＿＿＿＿

7 次の日本文を英文になおしなさい。（10点×２）

1 彼は歩くのをやめて，地図を見始めました。

＿＿＿＿＿＿＿＿＿＿＿＿＿＿＿＿＿＿＿＿＿＿＿＿＿＿＿＿＿＿

2 私はあなたに医者になってほしくない。

＿＿＿＿＿＿＿＿＿＿＿＿＿＿＿＿＿＿＿＿＿＿＿＿＿＿＿＿＿＿

listen to ～:～を聞く　**classical music**:クラシック音楽　**be fond of ～**:～が好きである
the way to ～:～へ行く道　**get to ～**:～に着く　**by** [bái]（バイ）:～のそばで　**kind** [káind]（カインド）:親切な

67

セクション 5-1

68

接続詞 ①

チェック20

1 チェック20 等位接続詞

1 等位接続詞

等位接続詞(とうい)は，語・句・文を対等な関係で結びつけるもので，and，or，but，so などがある。

► **and**：「～と…」「そして」「そうすれば」

George **and** I are good friends. （ジョージと私は仲のよい友だちです。）

I came home **and** Bill stayed at the office.（私は帰宅し，ビルは会社に残りました。）

Hurry up, **and** you'll be in time for school.
（急ぎなさい，そうすれば学校に間に合いますよ。）

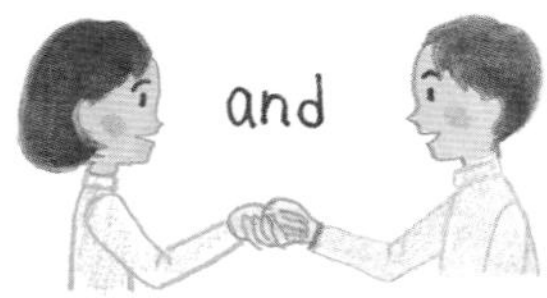

► **or**：「あるいは」「さもないと」

You can go out **or** stay home. （きみは出かけてもよいし，家にいてもよい。）

Hurry, **or** you'll be late for school. （急ぎなさい，さもないと学校に遅れますよ。）

► **but**：「しかし」

I love her, **but** she doesn't love me.
（私は彼女を愛していますが，彼女は私を愛していません。）

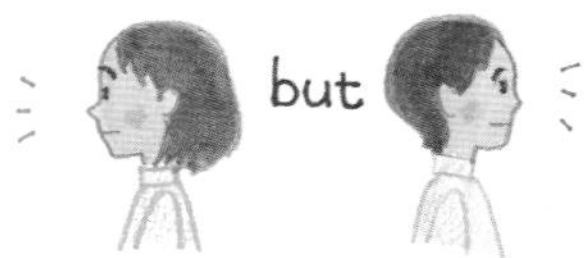

► **so**：「それで」

I was tired, **so** I went home early. （私は疲れていたので早く家に帰りました。）

2 等位接続詞を用いた連語

► **both ～ and …**：「～も…も両方〔2人〕とも」

He speaks **both** English **and** German. （彼は英語もドイツ語も両方とも話します。）

► **not ～ but …**：「～ではなく…」

He is **not** my son **but** my nephew. （彼は私の息子ではなくおいです。）

► **not only ～ but (also) …**：「～ばかりでなく…もまた」

She can speak **not only** English **but (also)** French.
（彼女は英語だけでなくフランス語も話せます。）

► **either ～ or …**：「～か…かどちらか」

Either you **or** I must go. （きみか私のどちらかが行かなければなりません。）

► **between ～ and …**：「～と…の間に」

He sat **between** Aya **and** Emi. （彼は彩と絵美の間にすわりました。）

●最重要文の練習● 次の英文を＿＿＿＿に書きましょう。

㉗ **He speaks both English and German.**（彼は英語もドイツ語も両方とも話します。）

both　and

＿＿＿＿＿＿＿＿＿＿＿＿＿＿＿＿＿＿＿＿＿＿＿＿＿＿＿＿＿＿

㉘ **She speaks not only English but also French.**（彼女は英語だけでなくフランス語も話します。）

not only　but also

＿＿＿＿＿＿＿＿＿＿＿＿＿＿＿＿＿＿＿＿＿＿＿＿＿＿＿＿＿＿

▶▶▶ポイント確認ドリル

解答は別冊 P.17

1 下線部に **and**, **but** のいずれかを入れて正しい文にしなさい。

□(1) I visited my uncle, ＿＿＿＿＿＿ he was not at home.

□(2) We visited Osaka, Kyoto ＿＿＿＿＿＿ Nara last month.

□(3) Hurry up, ＿＿＿＿＿＿ you'll catch the train.

□(4) I have two dogs at home ... a white dog ＿＿＿＿＿＿ a black dog.

□(5) I hurried to the station, ＿＿＿＿＿＿ I couldn't catch the train.

2 下線部に **or**, **so** のいずれかを入れて正しい文にしなさい。

□(1) Get up now, ＿＿＿＿＿＿ you'll be late for school.

□(2) Emi has a cold, ＿＿＿＿＿＿ she can't go to school today.

□(3) I read the book four ＿＿＿＿＿＿ five times.

□(4) Shall I call you, ＿＿＿＿＿＿ will you call me?

□(5) It was raining, ＿＿＿＿＿＿ I didn't go for a walk.

3 次の語群を日本文に合うように並べかえて，全文を書きなさい。

□(1) 私は野球とサッカーのどちらもします。 I play (and / both / soccer / baseball).

＿＿＿＿＿＿＿＿＿＿＿＿＿＿＿＿＿＿＿＿＿＿＿＿＿＿＿＿＿＿

□(2) 彼は先生ではなく生徒です。 He is (a / but / not / teacher) a student.

＿＿＿＿＿＿＿＿＿＿＿＿＿＿＿＿＿＿＿＿＿＿＿＿＿＿＿＿＿＿

このページの単語・熟語

German [dʒə́ːrmən]（チャーマン）:ドイツ語　**hurry up**:急ぐ　**hurry to 〜**:〜へ急ぐ　**get up**:起きる
be late for 〜:〜へ遅れる　**have a cold**:かぜをひいている　**go for a walk**:散歩に出かける

69

セクション 5-1

接続詞 ①
等位接続詞

月　日

点

1 正しい英文になるように，下線部に **and**，**but**，**or**，**so** のいずれかを書きなさい。同じものは 2 度使わないこと。（2 点× 4）

(1) Ken was tired, ____________ he went to bed early.

(2) Kate can ride a bike, ____________ I can't.

(3) Hurry up, ____________ you will be late.

(4) I opened the door, ____________ ran out of the room.

2 次の英文を日本文になおしなさい。（3 点× 4）

(1) Shakespeare was not a musician but a writer.

(　　　　　　　　　　　　　　　　　　　　　　　　)

(2) Study hard, and you will pass the exam.

(　　　　　　　　　　　　　　　　　　　　　　　　)

(3) I'm going to buy either a CD or a DVD with the money.

(　　　　　　　　　　　　　　　　　　　　　　　　)

(4) She came in and took her coat off.

(　　　　　　　　　　　　　　　　　　　　　　　　)

3 次の各文の下線部に適語を入れ，日本文に相当する英文を完成しなさい。（完答 4 点× 4）

(1) ヘレンも私も 2 人ともダンスが好きです。

____________ Helen ____________ I are fond of dancing.

(2) きみだけでなく私も正しい。

Not ____________ you ____________ also I am right.

(3) ますます寒くなりつつあります。

It's getting colder ____________ colder.

(4) 明日また会いに来てください。

Come ____________ see me again tomorrow.

1 (1)「疲れていた，だから早く寝た」
(2)「ケートは乗れるが，私は乗れない」
(3)「…，さもないと遅れますよ」
(4)「ドアを開けて部屋から走って出た」

2 (1) not ～ but ... がどういう意味を表すかを考える。
(2)命令文のあとの and はどういう意味を表すのか。
(3) either ～ or ... がどういう意味を表すのか。
(4)この文の and は時間の経過や順序を表すもの。took は take の過去形。

3 (1)「～も…も両方とも」はどう表すのか。
(2)「～だけではなく…も(また)」はどう表すのか。
(3)比較級と比較級をつないで「ますます～，さらに～」の意味を表すもの。
(4)空所には to も使えるが，ほかにはないか。

このページの単語・熟語

Shakespeare [ʃéikspiər]（シェイクスピア）: シェイクスピア　**writer** [ráitər]（ライタァ）: 作家
pass [pǽs]（パス）: 合格する　**exam** [igzǽm]（イグザム）: 試験　**take ～ off**: ～を脱ぐ
right [ráit]（ライト）: 正しい　**again** [əgén]（アゲン）: また，再び

70

4 次の各組の文の内容がほぼ同じになるように，____に適語を入れなさい。（完答8点×2）

(1) Tom speaks Japanese, and Jim speaks it, too.
____ Tom ____ Jim speak Japanese.

(2) If you don't study harder, you won't pass the exam.
Study harder, ____ you won't pass the exam.

5 ( )内の語句を使い，ほぼ同じ内容の文に書きかえなさい。（8点×2）

(1) Because it was raining, I didn't go out. (so)

____

(2) Tom speaks both French and Spanish. (not only ~ but also)

____

6 次の語群を並べかえて，正しい英文にしなさい。（8点×2）

(1) She is (but / a / nurse / a / not) doctor.

She is ____ doctor.

(2) How many stations (are / between / there / Tokyo / and) Ueno?

How many stations ____ Ueno?

7 次の日本文を英文になおしなさい。（8点×2）

(1) 私は京都か奈良のどちらかを訪ねたい。

____

(2) 私は京都と奈良の両方とも訪ねたい。

____

4 下の文の意味は次の通り。
(1)「トムとジムの2人とも日本語を話します」
(2)「もっと一生けんめい勉強しなさい，さもないと試験に合格しませんよ」

5 (1) soは「だから」の意。もとの文のbecauseは使わない。
(2)「フランス語とスペイン語の両方とも」を「フランス語だけでなくスペイン語も」と考える。

6 (1) notとbutがあることに注目。
(2) betweenとandがあることに注目。

7 (1)・(2) I want to visitのあとに，both ~ and ...かeither ~ or ...のいずれかの形を続けるようにする。

解答は別冊 P.17・18

さらに一歩！ ●等位接続詞で便利な使い方ができるものは何かありませんか？

orを覚えておくといいでしょう。「すなわち，つまり」の意味で，前に出ている語句をわかりやすくまたは正確に言いかえたりするときに使います。ふつうorの前にコンマを打って使います。

He ran a mile, **or** 1,609 meters.（彼は1マイル，すなわち，1,609メートルを走りました。）

because [bikɔ́:z]（ビコーズ）:～なので **rain** [réin]（レイン）:雨が降る **go out**:出かける **French** [fréntʃ]（フレンチ）:フランス語
Spanish [spǽniʃ]（スパニッシュ）:スペイン語 **nurse** [nə́:rs]（ナース）:看護師 **doctor** [dɑ́ktər]（ダクタァ）:医者

71

セクション 5-2

接続詞 ②

72

チェック 21

1 チェック21 従属接続詞

1 従属接続詞

従属接続詞は，２つの文〔＝節〕を主と従の関係で結ぶ接続詞で，that，when，if などがある。

► **that**：「～ということ」〔この that は省略可能〕

I think (**that**) he will accept the job.（私は彼がその仕事を受けると思います。）

► **when**：「～のとき」

When he arrived home, it was quite dark.
（彼が家に着いたとき，すっかり暗くなっていました。）

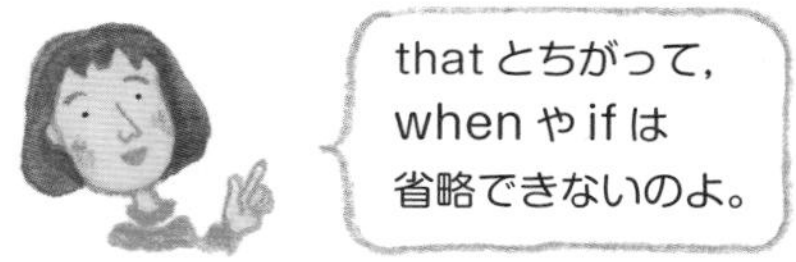

that とちがって，
when や if は
省略できないのよ。

► **if**：「もし～ならば」

If it rains tomorrow, I'll stay home.（もし明日雨が降れば，私は家にいます。）

✓注 when や if に導かれる節では，未来のことでも現在形を使う。

► **as**：「～ので」「～のとき」「～のように」

As I was sick, I didn't go to school.（私は病気だったので学校へ行きませんでした。）

► **though[although]**：「～だけれども」

Though I'm poor, I'm happy.（私はお金はないけれど幸せです。）

► **because**：「～なので」

Because I missed the train, I was late.（電車に乗り遅れたので遅れました。）

►その他：while(～する間)，until[till](～するまで〔ずっと〕)，since(～して以来)，before(～する前)，after(～したあと)

2 従属接続詞を用いた連語

この that は「あれは」
の意味ではないんだね。

► **so ～ that …**：「あまりに～なので…」

This book is so difficult **that** I *can't* read it.（この本は難しくて私には読めません。）
(= This book is ***too*** difficult for me ***to*** read.)

He is so rich **that** he can buy the car.（彼はとても金持ちなのでその車を買えます。）
(= He is rich ***enough to*** buy the car.)

► **as soon as ～**：「～するとすぐに」

I'll call you **as soon as** I get home.（家に帰ったらすぐお電話します。）

►その他：as ～ as — can[as ～ as possible]（できるだけ～）

●最重要文の練習● 次の英文を＿＿＿に書きましょう。

㉙ **This book is so difficult that I can't read it.**（この本は難しくて私には読めません。）

so　　that

＿＿＿＿＿＿＿＿＿＿＿＿＿＿＿＿＿＿＿＿＿＿＿＿

㉚ **I'll call you as soon as I get home.**（家に帰ったらすぐお電話します。）

as soon as

＿＿＿＿＿＿＿＿＿＿＿＿＿＿＿＿＿＿＿＿＿＿＿＿

▶▶▶ポイント確認ドリル

解答は別冊 P.18

1 下線部に **that, when** のいずれかを入れて正しい文にしなさい。

□(1) I was writing a letter ＿＿＿＿ she came.

□(2) She doesn't know ＿＿＿＿ you like apples so much.

□(3) I hope ＿＿＿＿ your mother gets well soon.

□(4) Where did you live ＿＿＿＿ you were a child?

□(5) Please say ＿＿＿＿ you love me.

2 下線部に **if, because** のいずれかを入れて正しい文にしなさい。

□(1) I didn't go there ＿＿＿＿ I had a lot of things to do.

□(2) Call me any time ＿＿＿＿ you need help.

□(3) She had to stay in bed ＿＿＿＿ she was very sick.

□(4) I will stay home ＿＿＿＿ it rains tomorrow.

□(5) I went to bed early ＿＿＿＿ I was tired.

3 次の語群を日本文に合うように並べかえて，全文を書きなさい。

□(1) 家に着いたらすぐに電話しなさい。　Call me (you / as / as / soon) get home.

＿＿＿＿＿＿＿＿＿＿＿＿＿＿＿＿＿＿＿＿＿＿＿＿

□(2) とても暑いので私は出かけません。　It's (hot / that / so) I won't go out.

＿＿＿＿＿＿＿＿＿＿＿＿＿＿＿＿＿＿＿＿＿＿＿＿

このページの単語・熟語

call [kɔ́ːl]（コール）：電話をかける　**get well**：元気になる　**any time**：いつでも
need [níːd]（ニード）：必要とする　**help** [hélp]（ヘルプ）：助け　**rain** [réin]（レイン）：雨が降る　**tired** [táiərd]（タイアド）：疲れた
hot [hát]（ハット）：暑い，熱い

73

セクション 5-2

接続詞 ②
従属接続詞

月　日

点

1 正しい英文になるように，下線部に **that, if, because, since** のいずれかを書きなさい。同じものは2度使わないこと。（2点×4）

(1) He was late ＿＿＿＿＿＿ he missed his train.

(2) I haven't seen her ＿＿＿＿＿＿ I moved to this city.

(3) Everybody knows ＿＿＿＿＿＿ he is an honest boy.

(4) She will forgive you ＿＿＿＿＿＿ you apologize to her.

1 それぞれの接続詞の意味を考えて，文の意味がうまくまとまるようにする。

2 次の英文を日本文になおしなさい。（3点×4）

(1) Though it was very warm, she didn't take off her coat.

(　　　　　　　　　　　　　　　　　　　　　　　　　)

(2) Buy your ticket as soon as you reach the station.

(　　　　　　　　　　　　　　　　　　　　　　　　　)

(3) As it started to rain, we stopped playing baseball.

(　　　　　　　　　　　　　　　　　　　　　　　　　)

(4) Please sit here while you wait.

(　　　　　　　　　　　　　　　　　　　　　　　　　)

2 (1) though は although の形でもよく使われる。
(2) as soon as ～はどんな意味を表すのか。
(3) as にはいろいろな意味があるが，ここでは理由を表している。
(4) while は「～する間」の意味。

3 次の各文の下線部に適語を入れ，日本文に相当する英文を完成しなさい。（4点×4）

(1) 私がもどるまでここにいなさい。
Stay here ＿＿＿＿＿＿ I get back.

(2) 私は時間があるときはいつも本を読みます。
I always read books ＿＿＿＿＿＿ I have time.

(3) 私は暗くならないうちに家に帰ります。
I'll go home ＿＿＿＿＿＿ it gets dark.

(4) 私が帰宅してから雨が降り出しました。
It began to rain ＿＿＿＿＿＿ I got home.

3 重要
(1) until[till] は「～まで（ずっと）」の意味で前置詞・接続詞として用いることができるが，by「～までに」は前置詞の用法しかないので，文を続けるときは，by the time ～という表現を使わなければならない。

このページの単語・熟語
forgive [fərgív]（フォギヴ）：許す　**apologize** [əpáləd͡ʒàiz]（アパロヂァイズ）：あやまる　**take off ～**：～を脱ぐ
coat [kóut]（コウト）：コート，上着　**ticket** [tíkit]（ティケット）：切符　**reach** [ríːtʃ]（リーチ）：着く　**get back**：もどる

74

4 次の各組の文の内容がほぼ同じになるように，＿＿に適語を入れなさい。（完答８点×２）

(1) He is rich enough to buy anything.
He is ＿＿＿＿ rich ＿＿＿＿ he can buy anything.

(2) He was very old, but he had to work.
＿＿＿＿ he was very old, he had to work.

5 （ ）内の語句を使い，ほぼ同じ内容の文に書きかえなさい。（８点×２）

(1) I was too busy to come. (so ～ that)

＿＿＿＿＿＿＿＿＿＿＿＿＿＿＿＿＿＿＿＿

(2) I reached the hotel and I called him at once. (as soon as)

＿＿＿＿＿＿＿＿＿＿＿＿＿＿＿＿＿＿＿＿

6 次の語群を並べかえて，正しい英文にしなさい。（８点×２）

(1) I (ran / I / as / fast / as) could.

I ＿＿＿＿＿＿＿＿＿＿＿＿＿＿＿＿ could.

(2) The star (so / can't / it / small / I / is / that / see).

The star ＿＿＿＿＿＿＿＿＿＿＿＿＿＿＿＿.

7 次の日本文を英文になおしなさい。（８点×２）

(1) 私は明日彼がここに来るとは思いません。

＿＿＿＿＿＿＿＿＿＿＿＿＿＿＿＿＿＿＿＿

(2) 昨日はとても寒かったので私は外出できませんでした。

＿＿＿＿＿＿＿＿＿＿＿＿＿＿＿＿＿＿＿＿

4 下の文の意味は次の通り。
(1)「彼はとても金持ちなので何でも買うことができます」
(2)「彼はとても年老いていたけれども，働かなければなりませんでした」

5 (1)過去の文なので，can't の部分も過去形にする。
(2)「私はホテルに着いてすぐに彼に電話した」→「ホテルに着くやいなや私は彼に電話した」と考える。

6 (1)「できるだけ～」の文にする。
(2)so ～ that ― can't にあてはめて考える。

7 (1)「～ということ」の意味を表す that を使う。
(2) Itで始まる文にする。過去形の文である。

解答は別冊 P.18・19

さらに一歩！ ●接続詞 that は動詞の目的語になる文を導くだけですか？

〈be動詞＋形容詞(＋that) ～〉の形で次のような意味を表すのにも使います。

be glad[happy] (that) ～：～ということがうれしい　be sorry (that) ～：～ということが残念だ
be afraid (that) ～：～ではないかと心配する　be sure (that) ～：きっと～だと思う

rich [rítʃ]（リッチ）：金持ちの　**anything** [éniθiŋ]（エニィスィング）：(肯定文で)何でも　**hotel** [houtél]（ホウテル）：ホテル
at once：ただちに，すぐに　**star** [stáːr]（スター）：星　**cold** [kóuld]（コウルド）：寒い　**go out**：外出する

75

セクション 6-1 関係代名詞 ①

チェック 22〜24

1 チェック22 主格の who

関係代名詞は，接続詞と代名詞の両方の働きをするもので，次のように考える。

2つの文 This is **the man**. **He** wrote the book.

└ 同一人 ┘ ←接続詞と代名詞の働き

関係代名詞 This is ***the man*** **who** wrote the book.

先行詞　関係代名詞　（こちらがその本を書いた人です。）

関係代名詞の前に置かれて，関係代名詞が導く節〔＝文〕によって修飾される名詞または代名詞を**先行詞**という。主格の関係代名詞 **who** は，**先行詞が「人」**で，あとの動詞の主語になるときに使う。who に続く動詞の形は先行詞に合わせる。who の節は文の主語を修飾することもある。

- I know ***a boy*** **who** speaks English well.
  （私は英語をうまく話す少年を知っています。）
- ***The boy*** **who** is singing loudly is Bob. （大声で歌っている少年はボブです。）

2 チェック23 主格の which

関係代名詞 **which** は，**先行詞が「物」・「動物」**で，あとの動詞の主語になるときに使う。who と同様に，動詞は先行詞に合わせる。which の節は文の主語を修飾することもある。

- Kyoto is ***a city*** **which** has many temples. （京都は寺の多い都市です。）
  （← Kyoto is a city. ＋ It has many temples.）
- ***The letter*** **which** came this morning was from my mother.
  （今朝届いた手紙は私の母から来たものでした。）

3 チェック24 主格の that

関係代名詞 **that** は，**先行詞が「人」でも「物」・「動物」**のときでも用いる。who，which と同様，動詞は先行詞に合わせる。that の節は文の主語を修飾することもある。

- I know ***the girl*** **that** got first prize. （私は1等賞をとった少女を知っています。）
  （← I know the girl. ＋ She got first prize.）
- ***The house*** **that** stands on the hill is my uncle's.
  （丘の上に立っている家は私のおじの家です。）

●最重要文の練習● 次の英文を______に書きましょう。

㉛ **This is the man who wrote the book.** （こちらがその本を書いた人です。）

the man who

____

㉜ **Kyoto is a city which has many temples.** （京都は寺の多い都市です。）

a city which

____

▶▶▶ポイント確認ドリル

解答は別冊 P.19

1 下線部に **who**，**which** のいずれかを入れて正しい文にしなさい。

□(1) We don't know the man ________ lives here.

□(2) This is a bus ________ goes to the park.

□(3) Mike has a bike ________ is better than mine.

□(4) The boy ________ is running over there is Tom.

2 日本文に合うように，（ ）内の関係代名詞が入る箇所を記号で答えなさい。

□(1) この絵をかいた少女はケートです。 〔 〕

The ア girl イ painted ウ this picture エ is Kate. (who)

□(2) 私はとても長い毛の犬を飼っています。 〔 〕

I have ア a dog イ has ウ very エ long hair. (which)

□(3) あなたは昨日ここに来た男の人を知っていますか。 〔 〕

Do you know ア the イ man ウ came here エ yesterday? (that)

3 次の語群を日本文に合うように並べかえて，全文を書きなさい。

□(1) 私は中国語を話す少女を知っています。 I know (who / girl / a) speaks Chinese.

____

□(2) これは青森に行く列車です。 This is the (which / train / goes) to Aomori.

____

このページの単語・熟語

city [síti]（スィティ）:都市 **temple** [témpl]（テンプル）:寺，寺院 **better** [bétər]（ベタァ）:good(よい)の比較級
over there:向こうに **paint** [péint]（ペイント）:(絵を絵の具で)描く **hair** [héər]（ヘア）:毛，髪の毛

77

関係代名詞 ①
主格の who // 主格の which // 主格の that

月　日
点

1 (1)・(2)の下線部の **who**，**which** と同じ働きをしているものを１つずつ選び，記号で答えなさい。（４点×２）

(1) The girl who lives next door is very pretty. 〔　　〕

(2) Look at the house which stands on the hill. 〔　　〕

ア Who is that woman standing over there?

イ Here is a boy who speaks English very well.

ウ The river which runs through Paris is the Seine.

エ The girl asked me which hat to buy.

1 (1)主格の関係代名詞の who。(2)主格の関係代名詞の which。主格の関係代名詞のあとには(助動詞＋)動詞が続いて直前の名詞や代名詞を修飾する。

2 次の英文を日本文になおしなさい。（４点×４）

(1) The letter which came this morning was from my father.
(　　　　　　　　　　　　)

(2) The girl who is standing near the gate has lovely flowers.
(　　　　　　　　　　　　)

(3) An insect is a small animal that has six legs.
(　　　　　　　　　　　　)

(4) He showed us some pictures which were taken in Tokyo.
(　　　　　　　　　　　　)

2 (1)whichが関係代名詞で，先行詞は(The) letter。(2)whoが関係代名詞で，先行詞は(The) girl。(3)thatが関係代名詞で，先行詞は(a small) animal。(4)whichが関係代名詞で，先行詞は(some) pictures。

3 次の各組の文の内容がほぼ同じになるように，＿＿に適語を入れなさい。（４点×３）

(1) China is a country with a long history.
China is a country ＿＿＿＿ has a long history.

(2) I need a woman to help me.
I need a woman ＿＿＿＿ will help me.

(3) Do you know the man talking with Ken?
Do you know the man ＿＿＿＿ is talking with Ken?

3 いずれも関係代名詞を使う。まず先行詞は「人」か「物・動物」かに注目する。(1)a countryが先行詞。(2)a womanが先行詞。(3)the manが先行詞。

このページの単語・熟語

next door：となりに　**hill** [híl](ヒル)：丘　**through** [θrúː](スルー)：～を通って　**the Seine**：セーヌ川
gate [géit](ゲイト)：門　**lovely** [lʌ́vli](ラヴリィ)：美しい　**insect** [ínsekt](インセクト)：昆虫　**leg** [lég](レッグ)：脚(あし)
history [hístəri](ヒストリィ)：歴史

78

4 次の２つの英文を，（　）内の関係代名詞を使って１つの英文にまとめなさい。（８点×４）

(1) I have some friends. They live in Hokkaido. (who)

____

(2) Look at the dog. It is running with Ken. (which)

____

(3) I have a car. It is made in Germany. (that)

____

(4) The school is ours. It stands near the river. (which)

____

4 (1)「私には北海道に住んでいる友人が何人かいます」
(2)「健といっしょに走っている犬を見なさい」
(3)「私はドイツ製の車を持っています」
(4)「川の近くに立っている学校は私たちのです」

5 次の語群を並べかえて，正しい英文にしなさい。（８点×２）

(1) Look at (boy / the / the / who / playing / is / guitar).

Look at ________________________________.

(2) Tom has (watch / mine / better / which / a / is / than).

Tom has ________________________________.

5 (1) Look at the boy. ＋He is playing the guitar. と考える。
(2) Tom has a watch. ＋It is better than mine. と考える。

6 次の日本文を関係代名詞を使って英文になおしなさい。（８点×２）

(1) 私はロンドンへ何回も行ったことがあるその少年を知っています。

____

(2) 私はとても上手に泳ぐ犬を飼っています。

____

6 (1)関係代名詞の節に「経験」の現在完了を使う。☞チェック1
(2)「飼う」＝ have。a dog を先行詞にする。

解答は別冊 P.19・20

さらに一歩！ ●関係代名詞 that は先行詞に関係なく使えるのですね？

確かにその通りですが，先行詞が「人」の場合は that よりも who を使うのがふつうです。これは，人を人として扱うということなのかもしれませんね。

Is that the boy **who** has come to see me?（あちらが私に会いに来た少年ですか。）

live in ～：～に住んでいる　**car** [kάːr]（カー）：自動車　**made** [méid]（メイド）：make（作る）の過去（分詞）形
Germany [dʒə́ːrməni]（ヂャーマニィ）：ドイツ　**ours** [áuərz]（アウアズ）：私たちのもの　**have been to ～**：～へ行ったことがある

79

セクション 6-2 関係代名詞 ②

チェック 25～27

1 チェック 25 目的格の which

関係代名詞 which は，先行詞が「物」･「動物」のときに，あとに続く動詞の主語になるだけでなく，**〈which＋主語＋動詞〉**の形で，動詞の目的語の働きもする。この目的語になっている関係代名詞の形を**目的格**という。

2つの文 This is **the book**. I bought **it** yesterday.

（the book と it は同一物）

関係代名詞 This is ***the book*** **which** I bought ~~it~~ yesterday.

（the book：先行詞　which：関係代名詞　もとの目的語（it）は不要）

（これは私が昨日買った本です。）

- ***The book*** **which** he wrote last year is very popular.
（彼が昨年書いた本はとても人気があります。）

2 チェック 26 目的格の that

関係代名詞 that は主格だけでなく，目的格にも使うことができる。このときの先行詞は主格のときと同じように，「人」・「物」・「動物」のどれでもよい。

- This is ***the camera*** **that** I bought yesterday.（これは私が昨日買ったカメラです。）
- She is ***the girl*** **that** I like the best.　（彼女は私がいちばん好きな少女です。）

✓注　先行詞に all，every，no，the only，the same，最上級，序数詞がつくと，主格・目的格に関係なく which より that のほうが好んで用いられる。ただし，「人」が先行詞の場合は who がよく用いられる。

3 チェック 27 関係代名詞の省略

関係代名詞の which，that が**目的格**で使われているときは，これを**省略**することができる。

- This is ***the book*** **(which / that)** he wrote last year.　〈先行詞は「物」〉
（これは彼が昨年書いた本です。）
- Is this ***the woman*** **(that)** you saw in the park?　〈先行詞は「人」〉
（こちらはあなたが公園で見かけた女の人ですか。）
- ***The woman*** **(that)** I love the most is Jane.　〈主語を修飾〉
（私が最も愛している女性はジェーンです。）

●最重要文の練習● 次の英文を＿＿＿＿に書きましょう。

㉝ **This is the book which I bought yesterday.** （これは私が昨日買った本です。）

the book which

＿＿＿＿＿＿＿＿＿＿＿＿＿＿＿＿

㉞ **This is the book he wrote last year.** （これは彼が昨年書いた本です。）

the book he wrote

＿＿＿＿＿＿＿＿＿＿＿＿＿＿＿＿

▶▶▶ポイント確認ドリル

解答は別冊 P.20

1 下線部の関係代名詞が主格ならA，目的格ならBを書きなさい。

□(1) The building which stands there is our school. 〔　　〕

□(2) Is that the camera which you bought yesterday? 〔　　〕

□(3) The songs which Paul wrote are really beautiful. 〔　　〕

□(4) Paris is a city that everyone wants to visit. 〔　　〕

□(5) The man that came here yesterday was my uncle. 〔　　〕

□(6) I will do anything that you say. 〔　　〕

2 日本文に合うように，（　）内の関係代名詞が入る箇所を記号で答えなさい。

□(1) これは私が東京で撮った写真です。 〔　　〕

This is the ア picture イ I ウ took エ in Tokyo. (which)

□(2) これは彼が昨年書いたたった1冊の本です。

This is the ア only book イ he ウ wrote エ last year. (that) 〔　　〕

3 次の語群を日本文に合うように並べかえて，全文を書きなさい。

□(1) これは私が昨日読んだ本です。 This is the (which / I / book) read yesterday.

＿＿＿＿＿＿＿＿＿＿＿＿＿＿＿＿

□(2) あちらはあなたがパリで会った人ですか。 Is that the (you / man / saw) in Paris?

＿＿＿＿＿＿＿＿＿＿＿＿＿＿＿＿

このページの単語・熟語

bought [bɔ́ːt]（ボート）:buy(買う)の過去(分詞)形 **wrote** [róut]（ロウト）:write(書く)の過去形
last year:昨年 **building** [bíldiŋ]（ビルディング）:建物 **really** [ríːəli]（リーアリィ）:本当に
anything [éniθiŋ]（エニィスィング）:(肯定文で)何でも

81

セクション 6-2

関係代名詞 ②
目的格の which // 目的格の that // 関係代名詞の省略

月　日

点

1 下線部の関係代名詞が省略できるものには○，できないものには×を書きなさい。（2点×4）

(1) This is the letter which I got this morning. 〔　〕

(2) This is the letter which came this morning. 〔　〕

(3) A young man that I met there told me the news. 〔　〕

(4) I know many people that don't like animals. 〔　〕

1 関係代名詞が省略できるのは目的格のとき。主格の関係代名詞は省略できない。目的格の関係代名詞のあとには〈主語＋動詞〉が続く。

2 次の英文を日本文になおしなさい。（3点×4）

(1) I have lost the book which I borrowed from Tom.

(　　　　)

(2) Is that all the work that you have done?

(　　　　)

(3) The library didn't have the book I wanted.

(　　　　)

(4) Are they the students you teach at school?

(　　　　)

2 (1) which が目的格の関係代名詞。borrowedの目的語になっている。
(2)初めのthatは関係代名詞ではない。2つ目のthatはworkを先行詞とする目的格の関係代名詞。
(3)・(4) book, students のあとに関係代名詞が省略されている。

3 次の各組の文の内容がほぼ同じになるように，＿＿に適語を入れなさい。（完答4点×4）

(1) That picture was taken by Daiki.
That is the picture ＿＿＿＿ Daiki ＿＿＿＿.

(2) I've lost the watch which was given to me by Kumi.
I've lost the watch Kumi ＿＿＿＿ to me.

(3) This is the letter written by him yesterday.
This is the letter ＿＿＿＿ ＿＿＿＿ yesterday.

(4) Do you know only that about her?
Is that all ＿＿＿＿ ＿＿＿＿ about her?

3 (1)下の文に目的格の関係代名詞を使う。
(2)下の文はwatchのあとに関係代名詞が省略されている。
(3)・(4)下の文を関係代名詞が省略された形にする。

このページの単語・熟語

this morning：今朝　**met** [mét]（メット）：meet（会う）の過去（分詞）形　**animal** [ǽnəməl]（アニマル）：動物
borrow [bárou]（バロウ）：借りる　**done** [dʌ́n]（ダン）：do（する）の過去分詞　**watch** [wátʃ]（ワッチ）：腕時計

82

4 次の２文を，(　)内の関係代名詞を使って１つの英文にまとめなさい。(3)・(4)は関係代名詞を省略した形にすること。（８点×４）

(1) Have you found the key? You lost it yesterday. (which)

＿＿＿＿＿＿＿＿＿＿＿＿＿＿＿＿＿＿＿＿＿＿＿＿

(2) I want to see the pictures. Your father took them. (that)

＿＿＿＿＿＿＿＿＿＿＿＿＿＿＿＿＿＿＿＿＿＿＿＿

(3) The book is very interesting. You gave it to me. (×)

＿＿＿＿＿＿＿＿＿＿＿＿＿＿＿＿＿＿＿＿＿＿＿＿

(4) The boy is not my brother. You see him in the park. (×)

＿＿＿＿＿＿＿＿＿＿＿＿＿＿＿＿＿＿＿＿＿＿＿＿

4 いずれももとの第２文の目的語は，関係代名詞の文ではなくなることに注意。
(1) the keyが先行詞。
(2) the pictures が先行詞。
(3) The book が，省略された関係代名詞の先行詞。
(4) The boy が，省略された関係代名詞の先行詞。

5 次の語群を並べかえて，正しい英文にしなさい。（８点×２）

(1) These are (books / wrote / last / he / year / the / which).

These are ＿＿＿＿＿＿＿＿＿＿＿＿＿＿＿＿＿＿.

(2) Show (book / yesterday / bought / you / the / me).

Show ＿＿＿＿＿＿＿＿＿＿＿＿＿＿＿＿＿＿＿＿.

5 (1)「これらは彼が昨年書いた本です」
(2)「あなたが昨日買った本を私に見せなさい」

6 次の日本文を英文になおしなさい。（８点×２）

(1) これはあなたが京都で撮った写真ですか。

＿＿＿＿＿＿＿＿＿＿＿＿＿＿＿＿＿＿＿＿＿＿＿＿

(2) 彼は私が長い間会いたいと思っていた人ではありません。

＿＿＿＿＿＿＿＿＿＿＿＿＿＿＿＿＿＿＿＿＿＿＿＿

6 (1)「撮る」＝take。「写真」＝picture, photo。
(2) man を先行詞にする。「長い間会いたい…」は現在完了の「継続」を使う。

☞チェック3

解答は別冊 P.20・21

さらに一歩！ ●先行詞が〈人＋動物〉のような場合にはどんな関係代名詞を使いますか？

先行詞が〈人＋動物〔物〕〉の場合には，主格・目的格に関係なく関係代名詞にはthatを使います。

Look at *the man and the dog* **that** are walking together in the park.

（公園をいっしょに散歩している男の人と犬をごらんなさい。）

found [fáund]：find(見つける)の過去(分詞)形　**key** [kíː]：鍵　**lost** [lɔ́ːst]：lose(なくす)の過去(分詞)形
gave [géiv]：give(与える)の過去形　**for a long time**：長い間

83

セクション 6-3

84

関係代名詞 ③〔まとめ〕

チェック 22～27

1 チェック22 関係代名詞 who

関係代名詞 who は，先行詞が「人」で，あとに続く動詞の主語になる。

I have ***a son*** **who** lives in Sapporo.（私には札幌に住んでいる息子がいます。）

先行詞　関係代名詞 who は動詞 lives の主語

2 チェック23・25 関係代名詞 which

関係代名詞 which は，先行詞が「物」・「動物」のときに使う。

1 **主格の which**：あとに続く動詞の主語になる。

Kyoto is ***a city*** **which** has many temples.（京都は寺の多い都市です。）

先行詞　関係代名詞 which は動詞 has の主語

2 **目的格の which**：あとに〈主語＋動詞〉が続き，which はこの動詞の目的語になる。

This is ***the book*** **which** I read yesterday.（これは私が昨日読んだ本です。）

先行詞　関係代名詞＋主語＋動詞

3 チェック24・26 関係代名詞 that

関係代名詞 that は，先行詞が「人」・「物」・「動物」のときに使う。

1 **主格の that**：あとに続く動詞の主語になる。

Is he ***the boy*** **that** came to see you?（彼はあなたに会いに来た少年ですか。）

先行詞　関係代名詞 that は動詞 came の主語

2 **目的格の that**：あとに〈主語＋動詞〉が続き，that はこの動詞の目的語になる。

This is ***the movie*** **that** I like the best.（これは私が最も好きな映画です。）

先行詞　関係代名詞＋主語＋動詞

4 チェック27 関係代名詞の省略

関係代名詞が目的格（which[that]＋主語＋動詞）で使われているときは，which か that かに関係なく，関係代名詞を省略できる。むしろ，目的格の関係代名詞は省略することが多い。

This is ***the book*** **（which / that ）** a lot of people read last year.

（これは昨年多くの人が読んだ本です。）

●最重要文の練習● 次の英文を______に書きましょう。

㉟ **I have a son who lives in Sapporo.**　（私には札幌に住んでいる息子がいます。）

a son who

㊱ **This is the book a lot of people read last year.**（これは昨年多くの人が読んだ本です。）

the book a lot of people read

▶▶▶ポイント確認ドリル

解答は別冊 P.21

1 次の各組で下線部が関係代名詞であるものを１つずつ選び，記号で答えなさい。

□(1) ア Who are you looking for here?　〔　　〕

イ Who can play the piano better, you or Betty?

ウ The boy who is playing the guitar now is my brother.

□(2) ア Which of you hit a home run?　〔　　〕

イ This is the cat which I like the best of the four.

ウ Please tell me which dictionary to buy.

□(3) ア This is my umbrella and that is yours.　〔　　〕

イ The population of Tokyo is larger than that of New York.

ウ This is the letter that Mary gave to me.

2 次の語群を日本文に合うように並べかえて，全文を書きなさい。

□(1) こちらがその本を書いた人です。　This is the (who / man / wrote) the book.

____

□(2) これは私が昨日買った時計です。 This is the watch (which / bought / I) yesterday.

____

□(3) これはあなたが読んでいる雑誌ですか。　Is this the magazine (you / that / read)?

____

このページの単語・熟語

look for ～：～を探す　**hit** ヒット［hít］：打つ　**home run** ホウムラン［hóumrʌ́n］：ホームラン
dictionary ディクショネリィ［díkʃənèri］：辞書　**population** パピュレイション［pɑ̀pjəléiʃən］：人口　**watch** ワッチ［wɑ́tʃ］：腕時計

85

セクション 6-3

関係代名詞 ③〔まとめ〕

月　日

点

1 (　)内の関係代名詞を入れられる正しい箇所を選び，記号に○をつけなさい。（2点×4）

(1) This is ア the イ boy ウ has been to London エ twice.　(who)

(2) Is this ア the cat イ you have ウ in your house エ?　(which)

(3) This is the bird ア can イ talk ウ well エ.　(which)

(4) This is ア all イ I know ウ about the woman エ.　(that)

1 (1)主格の関係代名詞。
(2)目的格の関係代名詞。
(3)主格の関係代名詞。
(4)目的格の関係代名詞。

2 次の英文を日本文になおしなさい。（3点×4）

(1) Is there anything you don't understand?

(　　　　　　　　　　　　　　　　　　　　)

(2) This is the cutest baby that I have ever seen.

(　　　　　　　　　　　　　　　　　　　　)

(3) Golf and tennis are sports you can enjoy until you are old.

(　　　　　　　　　　　　　　　　　　　　)

(4) Nobody that knows him will believe him.

(　　　　　　　　　　　　　　　　　　　　)

2 (1) anything のあとに that が省略されている。
(2)先行詞に最上級がついていることに注意。
(3) sports のあとに that か which が省略されている。
(4) that の先行詞は Nobody になる。

3 次の英文が表すものを英語の単語1語で書きなさい。ただし，与えられている文字で始めること。（4点×4）

(1) This is a building which has a lot of books in it, and we can read and borrow them.　(l)　＿＿＿＿＿

(2) This is a book we use when we don't know the meaning of a word.　(d)　＿＿＿＿＿

(3) This is a person who takes care of sick people together with nurses in the hospital.　(d)　＿＿＿＿＿

(4) This is something we use to pay at a store, at a restaurant, etc.　(m)　＿＿＿＿＿

3 (1) books, read や borrow に注目。
(2) book のあとに関係代名詞が省かれている。
(3) sick, nurses, hospital などに注目。
(4) something のあとに関係代名詞が省かれている。

このページの単語・熟語

understand [ʌ̀ndərstǽnd] (アンダスタンド):理解する　cute [kjúːt] (キュート):かわいい　golf [gálf] (ガルフ):ゴルフ
believe [bilíːv] (ビリーヴ):信じる　borrow [bárou] (バロウ):借りる　meaning [míːniŋ] (ミーニング):意味
take care of ～:～の世話をする　pay [péi] (ペイ):払う

86

4 次の２文を，(　)内の関係代名詞を使って１つの英文にまとめなさい。（８点×４）

(1) I like girls. They are kind to other people. (who)

＿＿＿＿＿＿＿＿＿＿＿＿＿＿＿＿＿＿＿＿

(2) This is a book. It was written by Mr. White. (which)

＿＿＿＿＿＿＿＿＿＿＿＿＿＿＿＿＿＿＿＿

(3) The song is popular in Japan. He is singing it now. (which)

＿＿＿＿＿＿＿＿＿＿＿＿＿＿＿＿＿＿＿＿

(4) Where is the shop? It sells picture postcards. (that)

＿＿＿＿＿＿＿＿＿＿＿＿＿＿＿＿＿＿＿＿

4 (1)「私はほかの人に親切な女の子が好きです」
(2)「これはホワイトさんによって書かれた本です」
(3)「彼が今歌っている曲は日本で人気があります」
(4)「絵はがきを売っている店はどこにありますか」

5 次の語群を並べかえて，正しい英文にしなさい。（８点×２）

(1) This is (boy / I / at / the / the / met / that) party.

This is ＿＿＿＿＿＿＿＿＿＿＿＿＿＿＿＿ party.

(2) Who (man / yesterday / is / you / met / the)?

Who ＿＿＿＿＿＿＿＿＿＿＿＿＿＿＿＿?

5 (1)「こちらは私がパーティーで会った少年です」
(2)「あなたが昨日会った男の人はだれですか」

6 次の日本文を英文になおしなさい。（８点×２）

(1) 私が今使っているコンピュータはトムのです。

＿＿＿＿＿＿＿＿＿＿＿＿＿＿＿＿＿＿＿＿

(2) 彼について知っていることは何でも私に話しなさい。

＿＿＿＿＿＿＿＿＿＿＿＿＿＿＿＿＿＿＿＿

6 (1)「使う」＝ use。「トムの」＝ Tom's。
(2)「何でも」＝ anything。「話す」＝ tell。

解答は別冊 P.21・22

さらに一歩！ ●「人」が先行詞のとき，目的格に who は使えないのですか？

who は主格の形で，目的格は whom になります。したがって，目的格には whom を使います…となるところですが，口語では whom の代わりに who がよく使われます。

This is the girl **(who(m) / that)** I saw at the station. （こちらは私が駅で見かけた少女です。）

be kind to 〜：〜に親切である　**other** [ʌ́ðər]（アザァ）：ほかの　**popular** [pɑ́pjələr]（パピュラァ）：人気のある
shop [ʃɑ́p]（シャップ）：店　**sell** [sél]（セル）：売る　**picture postcard**：絵はがき　**anything** [éniθìŋ]（エニィスィング）：(肯定文で)何でも

87

解答は別冊 P.22・23

月　日　点

接続詞 / 関係代名詞

1 正しい英文になるように，(　)内から適切な語を選び，その記号に○をつけなさい。

(3点×5)

1 (ア Because　イ Though) I ran fast, I couldn't catch the train.

2 He was studying hard (ア when　イ if) I came home.

3 Look at the boy (ア who　イ which) is walking with his dog.

4 This is the most interesting book (ア who　イ that) I have ever read.

5 Mr. Smith has a son (ア that　イ which) is a baseball player.

2 次の英文を日本文になおしなさい。(4点×2)

1 Come home as soon as possible today.

(　　　　　　　　　　　　　　　　)

2 That is the man we saw at the station yesterday.

(　　　　　　　　　　　　　　　　)

3 次の英文の下線部に適語を入れ，日本文に相当する英文を完成しなさい。(完答4点×5)

1 暗くなる前に私は家に帰らなければなりません。

I must go home __________ it gets dark.

2 私はロンドンにいる間にポールに会いました。

I met Paul __________ I was in London.

3 彼は先生を見るとすぐに走って逃げました。

__________ soon __________ he saw his teacher, he ran away.

4 きみが体を洗ったあとで，バスルームを使おう。

I will use the bathroom __________ you wash yourself.

5 ブラウン氏は弁護士ではなく医者です。

Mr. Brown is __________ a lawyer __________ a doctor.

このページの単語・熟語

catch [kætʃ] (キャッチ):(乗り物に)間に合う　**came** [kéim] (ケイム):come(来る)の過去形　**run away**:逃げる
bathroom [bæθrù:m] (バスルーム):浴室　**wash oneself**:体を洗う　**lawyer** [lɔ́:jər] (ローヤァ):弁護士

88

4 次の各組の文の内容がほぼ同じになるように，＿＿に適語を入れなさい。（完答５点×５）

1 { Hurry up, and you'll catch the first train.
＿＿＿＿＿＿ you hurry up, you'll catch the first train.

2 { This is the letter Tom wrote yesterday.
This is the letter ＿＿＿＿＿ ＿＿＿＿＿ written by Tom yesterday.

3 { He was so tired that he couldn't speak a word.
He was ＿＿＿＿＿ tired ＿＿＿＿＿ speak a word.

4 { Both you and I were happy then.
Not only you ＿＿＿＿＿ also I ＿＿＿＿＿ happy then.

5 { If you don't get up now, you'll be late for school.
Get up now, ＿＿＿＿＿ you'll be late for school.

5 次の語群を，日本文に合うように並べかえなさい。ただし，不要な語が１つずつあります。

（６点×２）

1 彼はとても速く走ったので，私はついて行けませんでした。
(that / him / ran / fast / couldn't / as / I / follow / so / he / .)

＿＿＿＿＿＿＿＿＿＿＿＿＿＿＿＿＿＿＿＿＿＿＿＿

2 これは私が来週読むつもりでいる本です。
(that / I / read / week / this / who / is / am / to / the / book / going / next / .)

＿＿＿＿＿＿＿＿＿＿＿＿＿＿＿＿＿＿＿＿＿＿＿＿

6 次の日本文を英文になおしなさい。（10点×２）

1 彼は明日パーティーに来ると私は思います。

＿＿＿＿＿＿＿＿＿＿＿＿＿＿＿＿＿＿＿＿＿＿＿＿

2 あなたは私の母と話している男の人を知っていますか。

＿＿＿＿＿＿＿＿＿＿＿＿＿＿＿＿＿＿＿＿＿＿＿＿

hurry up：急ぐ **first train**：始発電車 **tired** [táiərd]（タイアド）：疲れた **be late for ～**：～に遅れる
fast [fǽst]（ファスト）：速く **follow** [fálou]（ファロウ）：ついて行く **next week**：来週 **party** [pá:rti]（パーティ）：パーティー

89

解答は別冊 P.23・24

月　日　　点

接続詞 / 関係代名詞

1 正しい英文になるように，(　)内から適切な語を選び，その記号に○をつけなさい。

(3点×5)

1　This is the dictionary (ア　who　イ　which) was given by my father.

2　You must study either French (ア　or　イ　and) German at college.

3　I have an uncle (ア　who　イ　whom) lives in Nagoya.

4　(ア　That　イ　If) it rains tomorrow, I won't go out.

5　I didn't know (ア　that　イ　so) she was from China.

2 次の英文を日本文になおしなさい。　(5点×2)

1　Which is the watch that you lost?

(　　　　　　　　　　　　　　　　)

2　There is a high fence between his garden and ours.

(　　　　　　　　　　　　　　　　)

3 次の日本文に合うように，(　)内の関係代名詞が入る適切な箇所を記号で示しなさい。

(3点×5)

1　これは私が昨日買った時計です。　〔　　〕

This is ア the イ watch ウ I エ bought オ yesterday.　(which)

2　これは私たちに与えられている最後の機会です。　〔　　〕

This is ア the イ last ウ chance エ is given オ to us.　(that)

3　学校で教えている男性または女性は教師と呼ばれます。　〔　　〕

A man ア or a woman イ teaches ウ at school エ is called オ a teacher.　(who)

4　それを見た人々はみなとても驚きました。　〔　　〕

All ア the イ people ウ saw it エ were オ very surprised.　(that)

5　これは今週来たたった1通の手紙ですか。　〔　　〕

Is ア this イ the ウ only エ letter オ came this week?　(that)

このページの単語・熟語

French [fréntʃ](フレンチ)：フランス語　**German** [dʒə́ːrmən](ヂャーマン)：ドイツ語　**college** [kɑ́lidʒ](カレッヂ)：大学

fence [féns](フェンス)：へい，囲い，垣根(かきね)　**last** [lǽst](ラスト)：最後の　**chance** [tʃǽns](チャンス)：機会

90

4 次の各組の文の内容がほぼ同じになるように，＿＿に適語を入れなさい。 （完答５点×２）

1 { This book is easy enough for him to read.
This book is ＿＿＿＿＿＿ easy ＿＿＿＿＿＿ he can read it.

2 { Look at the girl with blue eyes.
Look at the girl ＿＿＿＿＿＿ ＿＿＿＿＿＿ blue eyes.

5 次の２つの文を，関係代名詞を使って１つの英文にまとめなさい （７点×２）

1 There are few people. They don't know this song.

＿＿＿＿＿＿＿＿＿＿＿＿＿＿＿＿＿＿＿＿＿＿＿＿＿＿＿＿＿＿

2 He has written a book. It is very popular with us.

＿＿＿＿＿＿＿＿＿＿＿＿＿＿＿＿＿＿＿＿＿＿＿＿＿＿＿＿＿＿

6 次の語群を，日本文に合うように並べかえなさい。ただし，不要な語が１つずつあります。
（８点×２）

1 できるだけ早くこちらへ来てください。
(please / here / can / as / as / come / can't / you / soon / .)

＿＿＿＿＿＿＿＿＿＿＿＿＿＿＿＿＿＿＿＿＿＿＿＿＿＿＿＿＿＿

2 私がそれについて知っていることはすべてあなたにお話ししましょう。
(tell / all / who / I / I'll / you / it / about / know / .)

＿＿＿＿＿＿＿＿＿＿＿＿＿＿＿＿＿＿＿＿＿＿＿＿＿＿＿＿＿＿

7 次の日本文を英文になおしなさい。 （10点×２）

1 私にはニューヨーク(New York)に３回行ったことがある友だちがいます。

＿＿＿＿＿＿＿＿＿＿＿＿＿＿＿＿＿＿＿＿＿＿＿＿＿＿＿＿＿＿

2 あなたは英語とフランス語の両方とも話せるのですか。―― はい，そうです。

＿＿＿＿＿＿＿＿＿＿＿＿＿＿＿＿＿＿＿＿＿＿＿＿＿＿＿＿＿＿

easy [íːzi]（イーズィ）：簡単な　**with** [wíð]（ウィズ）：～を持っている　**eye** [ái]（アイ）：目　**few** [fjúː]（フュー）：(aをつけないで)ほとんどない
all [ɔ́ːl]（オール）：全部　**have been to ～**：～へ行ったことがある　**～ times**：～回

91

セクション 7 5文型

チェック 28～30

1 チェック 28～30 5文型

1 〈S+V〉の文：第1文型 チェック 28

S：主語　V：動詞

〈主語＋動詞〉の形だけで意味が成立する文で，「～は…する」の意味を表す。

My(M) **brother**S **runs**V fast(M).（私の兄は速く走ります。）Mは修飾語で文型には関係がない

2 〈S+V+C〉の文：第2文型 チェック 28

O：目的語　C：補語

〈主語＋動詞＋補語〉の形で「～は…である」の意味を表す。この文型のとき，**「主語＝補語」**の関係が成り立つ。be動詞以外に，become，look，get，growなどの動詞がこの文型をとれる。

SheS **looked**V **happy**C yesterday(M).（彼女は昨日幸せそうに見えました。）

第2文型をとる動詞とその補語との関係		
	become＋名詞・形容詞：～になる	look＋形容詞：～に見える
	get, grow＋形容詞：～になる	feel＋形容詞：～と感じる
	sound＋形容詞：～に聞こえる	seem＋名詞・形容詞：～のように思われる

3 〈S+V+O〉の文：第3文型 チェック 29　4 〈S+V+O+O〉の文：第4文型 チェック 29

〈主語＋動詞＋目的語〉の形で「～は―を…する」の意味を表す。

IS **like**V **music**O.（私は音楽が好きです。）[S(主語)はO(目的語)をV(動詞)する]

〈主語＋動詞＋(間接)目的語＋(直接)目的語〉の形で「～は__に―を…する」の意味を表す。「__に」にあたる語を**間接目的語**(＝人)，「―を」にあたる語を**直接目的語**(＝物)という。

HeS **gave**V **me**O a(M) **book**O.（彼は私に本をくれました。）

✓注　直接目的語にはthatなどで始まる名詞節(～ということ)が続くこともある。

前置詞で**〈(―を)＋to[for]＋(__に)〉**に書きかえるとき，toかforかは動詞によって決まる。

＊ **to**を使うもの:give（与える), tell（話す), show（見せる), teach（教える), lend（貸す)など。

＊ **for**を使うもの：make（作る)，buy（買う)，cook（料理する)など。

5 〈S+V+O+C〉の文：第5文型 チェック 30

〈主語＋動詞＋目的語＋補語〉の形で，補語には名詞だけでなく形容詞もくる。この文型では**「目的語＝補語」**の関係が成り立つ。この文型をとる動詞にはcall，make，nameなどがある。

WeS **call**V **her**O **Kayo**C.（私たちは彼女を加代と呼びます。）〈her = Kayo〉

YouS must **keep**V your **room**O **clean**C.〈your room = clean〉

（自分の部屋はきれいにしておかなければいけません。）

第5文型をとる動詞とその意味			
	call ～ …：～を…と呼ぶ	make ～ …：～を…にする	name ～ …：～を…と名づける
	keep ～ …：～を…にしておく	think ～ …：～を…と思う	leave ～ …：～を…にしておく
	find ～ …：～が…とわかる	paint ～ …：～を…に塗る	

●最重要文の練習● 次の英文を________に書きましょう。

㊲ **He gave me a book.** （彼は私に本をくれました。）

gave ____________________ ____________________

㊳ **We call her Kayo.** （私たちは彼女を加代と呼びます。）

call ____________________ ____________________

▶▶▶ポイント確認ドリル

解答は別冊 P.24

1 下線部の語が補語なら C，目的語なら O を書きなさい。

□(1) He looks young for his age. 〔　　〕

□(2) I had nothing to do yesterday. 〔　　〕

□(3) He told me an interesting story. 〔　　〕

□(4) Your story sounds strange. 〔　　〕

□(5) A lot of people visit Kyoto every year. 〔　　〕

□(6) It will get much colder tomorrow. 〔　　〕

2 (　)内の日本語を参考にして，____に適する語を右から１つずつ選んで書きなさい。

□(1) They __________ baseball on Sundays. （する）

□(2) Will you __________ me the map? （見せる）

□(3) I'll __________ you my old computer. （あげる）

□(4) What is he going to __________ for me? （買う）

show	buy
give	play

3 次の語群を日本文に合うように並べかえて，全文を書きなさい。

□(1) あなたに人形を作ってあげましょう。 I'll (you / a / make) doll.

____

□(2) 私たちは彼をケンと呼んでいます。 (call / we / him) Ken.

____

このページの単語・熟語

gave [géiv]（ゲイヴ）: give(与える)の過去形　**for one's age**: 年の割には
nothing [nʌ́θiŋ]（ナスィング）: 何も～ない　**strange** [stréindʒ]（ストゥレインヂ）: 奇妙な　**map** [mǽp]（マップ）: 地図
make [méik]（メイク）: 作る　**doll** [dɑ́l]（ダル）: 人形

93

セクション 7

5文型

〈S+V〉/〈S+V+C〉/〈S+V+O〉/〈S+V+O+O〉/〈S+V+O+C〉

月　日

点

1 次の(1)～(5)と同じ文型の文を１つずつ選び，記号で答えなさい。

（３点×５）

(1) This train stops at every station. 〔　　〕

(2) He became a member of this club. 〔　　〕

(3) My father grows a lot of roses. 〔　　〕

(4) I gave my brother a dictionary. 〔　　〕

(5) People call the monster *Nessie*. 〔　　〕

ア She showed me the way to the city hall.

イ She bought a new hat yesterday.

ウ The bus runs between Shibuya and Shinjuku.

エ You must always keep your hands clean.

オ I feel sleepy this morning.

1 (1)〈S+V〉の第１文型。(2)〈S+V+C〉の第２文型。(3)〈S+V+O〉の第３文型。(4)〈S+V+O+O〉の第４文型。(5)〈S+V+O+C〉の第５文型。
ア・イ目的語が１つか２つかに注意。
エ目的語と補語に注意。

2 次の英文を日本文になおしなさい。（３点×２）

(1) I found the English book easily.

(　　　　　　　　　　　　　　　　　　　　)

(2) I found the English book easy.

(　　　　　　　　　　　　　　　　　　　　)

2 (1) easilyは副詞で，動詞foundを修飾している。
(2) easyは形容詞で，〈SVOC〉の補語になっている。

3 次の各組の文の内容がほぼ同じになるように，＿＿に適語を入れなさい。（完答５点×３）

(1) Ms. Green is our math teacher.
Ms. Green teaches ＿＿＿＿ ＿＿＿＿.

(2) I gave her a Japanese doll.
I gave a Japanese doll ＿＿＿＿ ＿＿＿＿.

(3) She will be happy to hear the news.
The news will ＿＿＿＿ her ＿＿＿＿.

3 (1)上の文は第２文型。これを第４文型で表す。
(2) giveはtoを使うのか，forを使うのか。
(3)上の文は第２文型。これを第５文型で表す。

このページの単語・熟語

grow [gróu]：育てる　**rose** [róuz]：バラ　**monster** [mánstər]：怪物　**city hall**：市役所
clean [klíːn]：きれいな　**sleepy** [slíːpi]：眠い　**easily** [íːzili]：簡単に　**math** [mæθ]：数学

94

4 〔 〕内の指示にしたがって書きかえなさい。 （8点×2）

(1) My father bought me a bike. 〔同じ内容をSVOの文型で〕

____

(2) It rains much in June. 〔同じ内容をWeを主語にして〕

____

4 (1)buyはtoかforかを考える。
(2)もとの文のitは天候を表す特別用法のit。much rainを目的語にする文を考える。

5 次の語群を並べかえて，正しい英文にしなさい。 （8点×3）

(1) I (them / an / story / told / interesting).

I ______________________________.

(2) The book (very / him / famous / made).

The book ______________________________.

(3) You must (the / open / not / leave / door).

You must ______________________________.

5 (1)「私は彼らにおもしろい話をしました」
(2)「その本は彼をとても有名にしました」
(3)「ドアをあけっぱなしにしておいてはいけません」

6 次の日本文を英文になおしなさい。 （8点×3）

(1) 彼は私にそのDVDを貸してくれませんでした。

____

(2) 彼の話は本当のように聞こえます。

____

(3) 私たちはその黒い犬をマックス(Max)と呼んでいます。

____

6 (1)「貸す」＝lend。過去の否定文であることにも注意。
(2)「話」＝story。「本当の」＝true。
(3)「黒い」＝black。語順に注意しておこう。

解答は別冊P.24・25

さらに一歩！ ● **to**と**for**をとる動詞をもっと教えてくれませんか？

本書92ページ以外のものでは，次のような動詞があります。

・to : send（送る） read（読む） hand（手渡す） write（書く） pay（支払う） sell（売る）など。

・for : find（見つける） sing（歌う） get（買う，入手する） choose（選ぶ）など。

bought [bɔ́:t]（ボート）:buy(買う)の過去(分詞)形 **bike** [báik]（バイク）:自転車 **rain** [réin]（レイン）:雨(が降る) **June** [dʒú:n]（ヂューン）:6月
famous [féiməs]（フェイマス）:有名な **must not ～**:～してはいけない **open** [óupən]（オウプン）:開(あ)いた

95

セクション 8-1 間接疑問文・付加疑問文・否定疑問文 ①

96

チェック 31

1 チェック 31 間接疑問文

know(知っている), wonder(～かしら), tell(わかる)などの動詞のあとに続けて疑問詞で始まる疑問文が, 目的語になった文を**間接疑問文**という。間接疑問文の疑問詞以下の語順は**〈疑問詞＋主語＋動詞〉**のような肯定文の語順になる。

1 be 動詞の疑問文：〈疑問詞＋主語＋be 動詞〉の語順。

疑問詞の文 **What** ***is*** ***this*** **?** (これは何ですか。)

〈疑問詞＋主語＋be 動詞〉

間接疑問文 I don't know **what** ***this*** ***is*** **.** (私はこれが何か知りません。)

2 一般動詞の疑問文：〈疑問詞＋主語＋一般動詞〉の語順。動詞は主語の人称・数・時制に合わせた形にする。

疑問詞の文 **What** ***did*** ***he*** ***see*** **?** (彼は何を見ましたか。)

間接疑問文 I don't know **what** ***he*** ***saw*** **.** (彼が何を見たか知りません。)

3 助動詞のある疑問文：〈疑問詞＋主語＋助動詞＋動詞の原形〉の語順。

- I know **what *he can do***. (私は彼が何をすることができるか知っています。)
  (← What can he do?)
- I know **when *he will come here***. (私は彼がいつここに来るか知っています。)
  (← When will he come here?)

4 疑問詞がもともと主語の疑問文：〈疑問詞＋動詞 ～〉の語順。

- I know ***who wrote this book***. (私はだれがこの本を書いたか知っています。)
  (← Who wrote this book?)

✓注 間接疑問文は〈$S + V + O_1 + O_2$〉の O_2(直接目的語)の位置にくることもできる。

- Please tell *me* **what this is**. (これが何か私に教えてください。)

＊次のような間接疑問文にも慣れておこう。

- I want to know **why *you didn't come***. (あなたが来なかったわけを知りたい。)
- I know **what time *you came home last night***.
  (私はあなたが昨夜何時に帰宅したか知っています。)
- I wonder ***how many people went to the party***.
  (そのパーティーには何人の人が行ったのかしら。)

●最重要文の練習● 次の英文を＿＿＿に書きましょう。

㊴ **I don't know what this is.** （私はこれが何か知りません。）

what this is.

＿＿＿＿＿＿＿＿＿＿ ＿＿＿＿＿＿＿＿＿＿

㊵ **I don't know what he saw.** （私は彼が何を見たか知りません。）

what he saw.

＿＿＿＿＿＿＿＿＿＿ ＿＿＿＿＿＿＿＿＿＿

▶▶▶ポイント確認ドリル

解答は別冊 P.25

1 （ ）内の日本語を参考にして，＿＿に適する語を右から１つずつ選んで書きなさい。

□(1) I know ＿＿＿＿＿＿ you live. （どこに住んでいるか）	how
□(2) I know ＿＿＿＿＿＿ you study. （いつ勉強するか）	which
□(3) I know ＿＿＿＿＿＿ you came here. （どうやって来たか）	where
□(4) I know ＿＿＿＿＿＿ you came here. （なぜ来たのか）	who
□(5) I know ＿＿＿＿＿＿ came here. （だれが来たのか）	why
□(6) I know ＿＿＿＿＿＿ boy came here. （どちらの少年が来たか）	when

2 （ ）内から適する語句を選び，＿＿に書きなさい。

□(1) I know what (is this, this is). ＿＿＿＿＿＿＿＿

□(2) I know who (are you, you are). ＿＿＿＿＿＿＿＿

□(3) I know when (he wrote, did he write) the letter. ＿＿＿＿＿＿＿＿

□(4) I know where (you went, did you go) yesterday. ＿＿＿＿＿＿＿＿

3 次の語群を日本文に合うように並べかえて，全文を書きなさい。

□(1) 彼女がどこに住んでいるか私は知りません。 I don't know (she / lives / where).

＿＿＿＿＿＿＿＿＿＿＿＿＿＿＿＿＿＿＿＿

□(2) 彼女がだれか私は知っています。 I know (is / who / she).

＿＿＿＿＿＿＿＿＿＿＿＿＿＿＿＿＿＿＿＿

このページの単語・熟語

saw [sɔ́ː]（ソー）:see(見る)の過去形　**how** [háu]（ハウ）:どのようにして
which [hwítʃ]（ホウィッチ）:どちら(の)　**where** [hwéər]（ホウェア）:どこに〔へ〕　**who** [húː]（フー）:だれ
why [hwái]（ホワイ）:なぜ　**when** [hwén]（ホウェン）:いつ

97

セクション 8-1

間接疑問文・付加疑問文・否定疑問文 ①

間接疑問文

月　日　点

1 日本文に合うように，（　）内の語が入る適切な箇所の記号を書きなさい。（4点×3）

(1) あなたは昨日彼がどこへ行ったか知っていますか。〔　〕
ア Do イ you ウ know エ he went オ yesterday?　(where)

(2) 私は彼がだれか知りません。〔　〕
I ア don't イ know ウ he エ is オ.　(who)

(3) 私は彼がポケットに何を持っているか知っています。〔　〕
I ア know イ he ウ has エ in his pocket オ.　(what)

2 次の英文を日本文になおしなさい。（3点×4）

(1) Do you know what happened here last week?
(　　　　　　　　　　　　　　　　)

(2) Do you know where Helen spent her summer vacation?
(　　　　　　　　　　　　　　　　)

(3) I wonder when Mary will come back.
(　　　　　　　　　　　　　　　　)

(4) I don't know why he was angry this morning.
(　　　　　　　　　　　　　　　　)

3 次の各組の文の内容がほぼ同じになるように，____に適語を入れなさい。（完答4点×3）

(1) Do you know Kumi's address?
Do you know ________ Kumi ________?

(2) I know the meaning of this word.
I know ________ this word ________.

(3) Do you know his age?
Do you know ________ old he ________?

1 疑問詞以下は動詞の目的語となるので，動詞のあと。また，あとに続く〈主語＋動詞〉の前にくる。〈疑問詞＋主語＋動詞〉が基本形になることを確認しておこう。

2 もとの疑問文を参考にして考えてみよう。
(1) What happened here last week?
(2) Where did Helen spend her summer vacation?
(3) When will Mary come back?
(4) Why was he angry this morning?

3 上の文の意味は次の通り。
(1)「久美の住所を知っていますか」
(2)「私はこの単語の意味を知っています」
(3)「彼の年齢を知っていますか」

このページの単語・熟語

pocket [pákit]（パケット）：ポケット　**happen** [hǽpən]（ハプン）：起こる
spent [spént]（スペント）：spend（過ごす）の過去（分詞）形　**angry** [ǽŋgri]（アングリィ）：怒っている
address [ǽdres]（アドゥレス）：住所　**meaning** [míːniŋ]（ミーニング）：意味　**age** [éidʒ]（エイヂ）：年齢

98

4 次の文を(　)内の語句に続けて正しい間接疑問文になるように，全文を書きなさい。 (8点×4)

(1) Where did he buy the book? (Do you know ...?)

____

(2) How did you come here? (I want to know ...)

____

(3) Who broke the window? (Can you tell me ...?)

____

(4) When is he going to leave here? (I know ...)

____

4 (1), (2), (4)はいずれも疑問詞のあとは〈疑問詞＋主語＋動詞〉の形にする。
buy の過去形は bought, come の過去形は came である。
(3)この Who は主語として使われているので，who のあとには動詞が続く。

5 次の語群を並べかえて，正しい英文にしなさい。 (8点×2)

(1) I (know / went / who / there / don't).

I ______________________________.

(2) Do you (is / do / going / he / know / what / to)?

Do you ______________________________?

5 (1)「私はだれがそこへ行ったのか知りません」
(2)「あなたは彼が何をするつもりか知っていますか」

6 次の日本文を英文になおしなさい。 (8点×2)

(1) あなたは彼女がどこに住んでいるか知りたいですか。

____

(2) 私はトムがなぜ今朝早く起きたか知っています。

____

6 (1)「住む」＝ live。「知りたい」＝ want to know。
(2)「なぜ」＝ why。「起きる」＝ get up。get は不規則動詞。

解答は別冊 P.25

さらに一歩！ ●間接疑問文で気をつけることは何かありますか？

もともと前置詞があるものは前置詞が残ります。次の例文を見ておきましょう。

I know **what you are looking *for***. (私はあなたが何を探しているか知っています。)

Tell me **what you are interested *in***. (あなたが何に興味があるか話して。)

buy [bái]（バイ）: 買う　**broke** [bróuk]（ブロウク）: break(割る)の過去形　**leave** [líːv]（リーヴ）: 出発する
there [ðéər]（ゼア）: そこへ，そこに　**live** [lív]（リヴ）: 住む，暮らす　**this morning**: 今朝　**early** [ə́ːrli]（アーリィ）: 早く

99

セクション 8-2

100

間接疑問文・付加疑問文・否定疑問文 ②

チェック 32・33

1 チェック32 付加疑問文

「～ですね」とか「～ないですね」と，念を押したり，同意を求める言い方を**付加疑問文**（ふかぎもんぶん）といい，主文が肯定文の場合と否定文の場合とで作り方が異なる。

1 主文が肯定文のとき

主文のあとにコンマ（，）を打ち，**〈否定の短縮形＋主語＋?〉**をつけ加える。主語は必ずhe，sheなどの**人称代名詞**の形にして使う。次の例でbe動詞，一般動詞，助動詞についてみてみよう。

- Mr. Sato *is* an English teacher, **isn't he** ? （佐藤先生は英語の先生ですよね。）
- Kate *goes* shopping every day, **doesn't she** ?（ケートは毎日買い物に行くのですね。）
- Tom *can* play tennis, **can't he** ? （トムはテニスができますね。）

✓注 現在完了の付加疑問文は，haven't, hasn't を使って表せばよい。また，命令文には〈will you?〉，Let's ～. の文には〈shall we?〉をつけて付加疑問文にする。

2 主文が否定文のとき

主文のあとは，**〈肯定の形＋主語＋?〉**でよい。主語はやはり人称代名詞の形にして使う。

- Tom *was not* in the park, **was he** ? （トムは公園にいなかったのですね。）
- The two *didn't come* here, **did they** ? （2人はここに来なかったのですね。）
- You *can't swim*, **can you** ? （あなたは泳げないのですね。）

✓注 付加疑問文の答え方については，下のチェック33否定疑問文の答え方と同じ。

2 チェック33 否定疑問文

〈be動詞または助動詞＋not〉の短縮形を主語の前に置く疑問文で，「～ではないのですか」などの意味を表す。否定疑問文にはYes，Noを用いて答えるが，日本語の「はい」「いいえ」とYes，Noは同じではないことに注意する。答える内容が肯定ならYes，否定ならNoにする。

- **Isn't** this your pencil? （これはあなたのえんぴつではないのですか。）
  - ―― ***Yes***, it is. （**いいえ**，私のです。）
  - ―― ***No***, it isn't. （**はい**，私のではありません。）
- **Don't** you like apples? （あなたはリンゴが好きではないのですか。）
  - ―― ***Yes***, I do. （**いいえ**，好きです。）
  - ―― ***No***, I don't. （**はい**，好きではありません。）

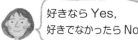

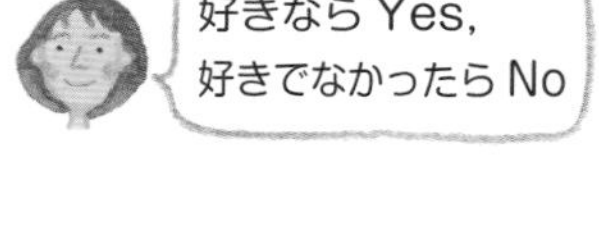

好きならYes,
好きでなかったらNo

●最重要文の練習● 次の英文を＿＿＿に書きましょう。

㊶ **He is a teacher, isn't he?** （彼は先生ですよね。）

isn't he? ＿＿＿＿

㊷ **Isn't this your pencil?** （これはあなたのえんぴつではないのですか。）

Isn't this ? ＿＿＿＿

▶▶▶ポイント確認ドリル

解答は別冊 P.26

1 主文の主語に注意して，＿＿に適切な人称代名詞を書いて付加疑問文を完成しなさい。

□(1) You are a college student, aren't ＿＿＿＿?

□(2) Tom is a good student, isn't ＿＿＿＿?

□(3) Jane is in London now, isn't ＿＿＿＿?

□(4) Mr. White is from New York, isn't ＿＿＿＿?

□(5) Ken and Bob are in the same class, aren't ＿＿＿＿?

2 (　)内の語句を短縮形にして＿＿に書き，否定疑問文を完成しなさい。

□(1) ＿＿＿＿ you happy to hear that? (are not)

□(2) ＿＿＿＿ you go to the party yesterday? (did not)

□(3) ＿＿＿＿ you study French at school? (do not)

□(4) ＿＿＿＿ this your new computer? (is not)

□(5) ＿＿＿＿ he like sushi? (does not)

3 次の語群を日本文に合うように並べかえて，全文を書きなさい。

□(1) この本はおもしろいですね。 This book is interesting (it / isn't / ,)?

＿＿＿＿

□(2) あなたは彼の名前を知らないのですか。 (you / know / don't) his name?

＿＿＿＿

このページの単語・熟語

teacher [tíːtʃər]（ティーチャァ）：先生，教師　**college student**：大学生　**same** [séim]（セイム）：同じ
happy [hǽpi]（ハピィ）：うれしい，幸せな　**party** [pɑ́ːrti]（パーティ）：パーティー　**French** [fréntʃ]（フレンチ）：フランス語

101

間接疑問文・付加疑問文・否定疑問文 ②

付加疑問文 // 否定疑問文

月　日
点

1 下線部に適切な語を補って，付加疑問文を完成しなさい。（2点×4）

(1) You speak Chinese well, ＿＿＿＿ ＿＿＿＿?

(2) They're from Osaka, ＿＿＿＿ ＿＿＿＿?

(3) Kate wrote the letter, ＿＿＿＿ ＿＿＿＿?

(4) Bob isn't so kind, ＿＿＿＿ ＿＿＿＿?

1 主文の主語と動詞の形に注目する。一般動詞の文かbe動詞の文か，現在形か過去形か，肯定文か否定文かに注意しよう。

2 下線部に適切な語を補って，否定疑問文を完成しなさい。（1点×4）

(1) ＿＿＿＿ you go swimming yesterday?

(2) ＿＿＿＿ she a college student last year?

(3) ＿＿＿＿ you listening to music now?

(4) ＿＿＿＿ the earth move around the moon?

2 (1)「あなたは昨日泳ぎに行かなかったのですか」
(2)「彼女は昨年大学生ではなかったのですか」
(3)「あなたは今音楽を聞いていないのですか」
(4)「地球は月のまわりを回っていないのですか」

3 次の英文を日本文になおしなさい。（4点×3）

(1) Your sister can't swim, can she? —— No, she can't.
(　　　　　　　　　　　　　　　　　　　　)

(2) Didn't you go to see the game with Bob? —— Yes, I did.
(　　　　　　　　　　　　　　　　　　　　)

(3) Don't you think he is very honest? —— Yes, I do.
(　　　　　　　　　　　　　　　　　　　　)

3 答えのYes，Noの訳し方には注意しよう。

4 次の英文の下線部に適語を入れ，問答文を完成しなさい。（4点×3）

(1) *A* : You didn't know the truth, did you?
B : ＿＿＿＿, I didn't.

(2) *A* : Won't you be late again?
B : No, I ＿＿＿＿.

(3) *A* : Doesn't she live in this city?
B : ＿＿＿＿, she does.

4 答える内容が肯定ならYes，否定ならNoを使う。日本語にとらわれないようにしよう。

このページの単語・熟語

Chinese [tʃàiníːz]（チャイニーズ）: 中国語　**kind** [káind]（カインド）: 親切な　**go swimming**: 泳ぎに行く
earth [ə́ːrθ]（アース）: 地球　**around** [əráund]（アラウンド）: ～のまわりを　**moon** [múːn]（ムーン）: (天体の)月
truth [trúːθ]（トゥルース）: 真実

102

5 (1)・(2)は付加疑問文にし，(3)・(4)は示された文が答えとなるような否定疑問文を作りなさい。（8点×4）

(1) Ms. Ito is your English teacher.

____

(2) You have been to England twice.

____

(3) No, we aren't. We aren't busy now.

____

(4) No, he can't. My brother can't play soccer.

____

5 (1) Ms. Ito は男性か女性かを考えて，付加疑問の主語の代名詞を決める。
(2)主文は現在完了で have が使われていることに注目する。
(3)否定疑問文の主語は「あなたたちは」にする。
(4)否定疑問文の主語は「あなたのお兄〔弟〕さんは」にする。

6 次の語群を並べかえて，正しい英文にしなさい。（8点×2）

(1) Kumi (looked / very / she / didn't / sad / ,)?

Kumi ______________________________?

(2) (well / you / sleep / last / didn't) night?

______________________________ night?

6 (1)「久美はとても悲しそうに見えたのですね」。付加疑問文。
(2)「あなたは昨夜よく眠れなかったのですか」。否定疑問文。

7 次の日本文を英文になおしなさい。（8点×2）

(1) あなたはピアノが弾けないのですね。―― はい，弾けません。

____

(2) あなたはその映画を見なかったのですか。―― いいえ，見ました。

____

7 (1)助動詞 can を使った付加疑問文にする。
(2)否定疑問文に。答えの「いいえ」は No ではない。

解答は別冊 P.26・27

さらに一歩！ ●付加疑問文の抑揚(よくよう)(↗か↘)はどうなりますか？

話者が念を押すときは下降調(↘)に，Yes, No の答えを求めるときは上昇調(↗)になります。

Ken is an honest boy, isn't he? (↘)　(健は正直な少年だね。)

Ken is an honest boy, isn't he? (↗)　(健は正直な少年なんでしょう。)

have been to ～:～へ行ったことがある　**England** (イングランド)[íŋglənd]:英国　**twice** (トゥワイス)[twáis]:2回
sad (サッド)[sǽd]:悲しい　**sleep** (スリープ)[slíːp]:眠る　**last night**:昨夜　**movie** (ムーヴィ)[múːvi]:映画

103

解答は別冊 P.27・28

月　　日　　　　　点

5文型 / 間接疑問文・付加疑問文・否定疑問文

1 正しい英文になるように，(　)内から適切な語句を選び，その記号に○をつけなさい。

(3点×5)

1 He has become (ア teacher　イ a teacher).

2 Keiko looked (ア very busy　イ a very busy) this morning.

3 My father will buy (ア I　イ me) a nice camera.

4 Many birds sing (ア merry　イ merrily) in spring.

5 The news made the girl (ア happy　イ happily).

2 次の英文を日本文になおしなさい。 (5点×2)

1 I don't know when and where they will play baseball.

(　　　　　　　　　　　　　　　　　　　　)

2 Aren't there any libraries in this town? —— No, there aren't any.

(　　　　　　　　　　　　　　　　　　　　)

3 次の1～5と同じ文型の文を下から1つずつ選び，その記号で答えなさい。 (3点×5)

1 My father works hard every day. 〔　　〕

2 My hobby is collecting stamps. 〔　　〕

3 We use a lot of water every day. 〔　　〕

4 I will show you the picture. 〔　　〕

5 He named his dog Pochi. 〔　　〕

ア The sky suddenly became cloudy.

イ He left the door open.

ウ Can you tell us something about your family?

エ Some birds can fly very high in the sky.

オ She likes reading American novels.

このページの単語・熟語

merrily [mérili] (メリリィ)：楽しげに　**town** [táun] (タウン)：町　**stamp** [stǽmp] (スタンプ)：切手
name [néim] (ネイム)：名づける　**suddenly** [sʌ́dnli] (サドゥンリィ)：突然　**cloudy** [kláudi] (クラウディ)：くもった
high [hái] (ハイ)：高く　**novel** [nάvl] (ナヴル)：小説

104

4 次の各組の文の内容がほぼ同じになるように，＿＿に適語を入れなさい。　（完答６点×２）

1 { His name is Fred.
  People call ＿＿＿＿＿＿ ＿＿＿＿＿＿.

2 { I don't know what to do now.
  I don't know what ＿＿＿＿＿＿ should ＿＿＿＿＿＿ now.

5 次の英文を〔　〕内の指示にしたがって書きかえなさい。　（７点×２）

1 She bought her son a new dictionary. 〔同じ内容を前置詞を使った文で〕

＿＿＿＿＿＿＿＿＿＿＿＿＿＿＿＿＿＿＿＿＿＿＿＿＿＿＿＿

2 Tom didn't understand the words. 〔付加疑問文に〕

＿＿＿＿＿＿＿＿＿＿＿＿＿＿＿＿＿＿＿＿＿＿＿＿＿＿＿＿

6 次の語群を，日本文に合うように並べかえなさい。ただし，不要な語が１つずつあります。
（７点×２）

1 その悪い知らせで，彼女は悲しくなりました。
(news / became / made / sad / bad / the / her / .)

＿＿＿＿＿＿＿＿＿＿＿＿＿＿＿＿＿＿＿＿＿＿＿＿＿＿＿＿

2 あなたは彼女がどうやってここに来たか知っていますか。
(know / do / here / how / did / you / she / came / ?)

＿＿＿＿＿＿＿＿＿＿＿＿＿＿＿＿＿＿＿＿＿＿＿＿＿＿＿＿

7 次の日本文を英文になおしなさい。　（10点×２）

1 私の母はすぐに元気になるでしょう。

＿＿＿＿＿＿＿＿＿＿＿＿＿＿＿＿＿＿＿＿＿＿＿＿＿＿＿＿

2 私は彼女がいつ日本に来たか知っていますが，今どこに住んでいるか知りません。

＿＿＿＿＿＿＿＿＿＿＿＿＿＿＿＿＿＿＿＿＿＿＿＿＿＿＿＿

people [pí:pl]（ピープル）：人々　**bought** [bɔ́:t]（ボート）：buy（買う）の過去（分詞）形　**understand** [ʌndərstǽnd]（アンダスタンド）：理解する
word [wə́:rd]（ワード）：単語　**sad** [sǽd]（サッド）：悲しい　**bad** [bǽd]（バッド）：悪い　**well** [wél]（ウェル）：元気な

105

解答は別冊 P.28
月　日　　点

5文型 / 間接疑問文・付加疑問文・否定疑問文

1 下線部に適語を補い，1～3は付加疑問文を，4～6は否定疑問文を完成しなさい。

（完答3点×6）

1 You are studying English, ＿＿＿＿ ＿＿＿＿?

2 You didn't watch TV last night, ＿＿＿＿ ＿＿＿＿?

3 You can swim across the river, ＿＿＿＿ ＿＿＿＿?

4 ＿＿＿＿ you come here by bus? —— No, I didn't.

5 ＿＿＿＿ he a college student? —— Yes, he is.

6 ＿＿＿＿ it raining when you came here? —— Yes, it was.

2 次の英文を日本文になおしなさい。（5点×2）

1 They made him captain of the tennis club.

（　　　　　　　　　　　　）

2 She made him a new suit.

（　　　　　　　　　　　　）

3 次の日本文に合う英文を選び，その記号で答えなさい。（4点×3）

1 私は彼女がなぜ休んだか知っています。〔　　〕

ア I know why was she absent.

イ I know why she was absent.

2 あなたはだれがその花びんをこわしたか知っていますか。〔　　〕

ア Do you know who broke the vase?

イ Do you know did who break the vase?

3 私は彼らが何をしようとしているのか知りません。〔　　〕

ア I don't know what they are going to do.

イ I don't know what are they going to do.

このページの単語・熟語

swim across ～：～を泳いで渡る　**river** [rívər]（リヴァ）：川　**captain** [kǽptən]（キャプテン）：主将
suit [sú:t]（スート）：スーツ，背広　**absent** [ǽbsənt]（アブセント）：欠席して
broke [bróuk]（ブロウク）：break（こわす）の過去形　**vase** [véis]（ヴェイス）：花びん

106

4 次の各組の文の内容がほぼ同じになるように，＿＿に適語を入れなさい。（完答６点×２）

1 Tom gave Jane some flowers.
  Tom gave some flowers ＿＿＿＿＿ ＿＿＿＿＿.

2 When did she come here? I don't know that.
  I don't know when ＿＿＿＿＿ ＿＿＿＿＿ here.

5 次の英文を〔　〕内の指示にしたがって書きかえなさい。（７点×２）

1 I found that the book was interesting. 〔同じ内容を〈SVOC〉の文型で〕

＿＿＿＿＿＿＿＿＿＿＿＿＿＿＿＿＿＿＿＿

2 You bought the dictionary yesterday. 〔付加疑問文に〕

＿＿＿＿＿＿＿＿＿＿＿＿＿＿＿＿＿＿＿＿

6 次の語群を，日本文に合うように並べかえなさい。ただし，不要な語が１つずつあります。（７点×２）

1 あなたは自分の部屋をきれいにしておかなければいけません。
(leave / keep / your / clean / must / you / room / .)

＿＿＿＿＿＿＿＿＿＿＿＿＿＿＿＿＿＿＿＿

2 あなたのお父さんはフランス語を話さないのですか。
(don't / French / speak / father / doesn't / your / ?)

＿＿＿＿＿＿＿＿＿＿＿＿＿＿＿＿＿＿＿＿

7 次の日本文を英文になおしなさい。（10点×２）

1 彼は自分の娘をローラ(Laura)と名づけました。

＿＿＿＿＿＿＿＿＿＿＿＿＿＿＿＿＿＿＿＿

2 ケート(Kate)は日本語を話せるのですね。―― はい，話せます。

＿＿＿＿＿＿＿＿＿＿＿＿＿＿＿＿＿＿＿＿

gave [géiv]（ゲイヴ）: give(与える)の過去形　**found** [fáund]（ファウンド）: find(わかる)の過去(分詞)形
clean [klíːn]（クリーン）: きれいな　**French** [fréntʃ]（フレンチ）: フランス語　**daughter** [dɔ́ːtər]（ドータァ）: 娘　**name** [néim]（ネイム）: 名づける

107

セクション 9-1 いろいろな表現 ①

チェック 34

1 チェック 34 should, would, could / 時制の一致

1 should, would, could

should は助動詞 shall の過去形だが，**〈should＋動詞の原形〉**の形で「～すべきである」という現在の意味を表し，否定文の〈should not[shouldn't] ～〉は「～すべきではない」という意味を表す。

- You **should** ***study*** harder.　(あなたはもっと熱心に勉強すべきです。)
- You **should** ***not laugh*** at his mistakes.(あなたは彼のまちがいを笑うべきではない。)

would は助動詞 will の過去形だが，**〈Would you ～?〉**は Will you ～? のていねいな言い方で「～してくださいませんか」，**〈would like to ～〉**は「～したいものだ」という want to ～の控え目な表現になる。また，**〈Would you like to ～?〉**は「～なさいませんか」と相手の意向をていねいにたずねる表現になる。なお，**〈would like＋名詞〉**で「～がほしいのですが」の意味になる。

- **Would you** please pass the salt?　(塩をまわしてくださいませんか。)
- I **would[I'd] like to** buy that watch.　(私はあの時計を買いたいものだ。)
- **Would you like to** join us?　(あなたも私たちに加わりませんか。)
- **I'd like** a cup of tea.　(お茶を 1 杯いただきたいのですが。)

could は can の過去形で，「～できた」の意味を表す。否定形は could not[couldn't]。肯定文で could を「～できた」の意味で使うときは過去を表す語(句)(yesterday など)と使うのがふつう。

- I tried to do it, but I **couldn't**.　(私はそれをやろうとしたが，できませんでした。)

2 時制の一致

I think[know] that ～. のような文で，主節 (I think) が現在のとき，that の節の時制は現在・過去・未来のどれもありうるが，主節の動詞が過去形になると，that 節の中の動詞も過去形にする。助動詞のある文では助動詞を過去形にする。

現在の文　I think that he is honest.(私は彼は正直だと思います。)

↓ ←過去形→ ↓

過去の文　I thought that he was honest.(私は彼は正直だと思いました。)

- He **said** that he **would** come.　(彼は来ると言いました。)
  (← He *says* that he *will* come.)
- I **knew** he **wanted** a hat.　(私は彼が帽子をほしがっているのを知っていました。)
  (← I *know* he *wants* a hat.)

●最重要文の練習● 次の英文を＿＿＿に書きましょう。

㊸ **You should study harder.** （あなたはもっと熱心に勉強すべきです。）

should ＿＿＿＿＿＿＿＿ ＿＿＿＿＿＿＿＿

㊹ **I'd like to buy that watch.** （私はあの時計を買いたいものだ。）

I'd like to ＿＿＿＿＿＿＿＿ ＿＿＿＿＿＿＿＿

▶▶▶ポイント確認ドリル

解答は別冊 P.28

1 日本文に合うように，(　)内から適する語句を選び＿＿に書きなさい。

□(1) あなたは彼らに親切にすべきです。
You should (are, be) kind to them. ＿＿＿＿＿＿

□(2) あなたはそこへ行くべきではありません。
You (should not, don't should) go there. ＿＿＿＿＿＿

□(3) 私はあなたのお名前を知りたいと思っているのですが。
I (would, will) like to know your name. ＿＿＿＿＿＿

□(4) これをごらんになりませんか。
Would you like (seeing, to see) this? ＿＿＿＿＿＿

□(5) 少しケーキをいただきたいのですが。
I (would, would like) some cake. ＿＿＿＿＿＿

□(6) 私は彼女は親切だと思いました。
I thought that she (is, was) kind. ＿＿＿＿＿＿

2 次の語群を日本文に合うように並べかえて，全文を書きなさい。

□(1) 私は彼女の住所を知りたいのですが。 I (to / would / like) know her address.

＿＿＿＿＿＿＿＿＿＿＿＿＿＿＿＿

□(2) 私は彼は東京にいると思いました。 I thought (was / that / he) in Tokyo.

＿＿＿＿＿＿＿＿＿＿＿＿＿＿＿＿

このページの単語・熟語

buy [bái]：買う　**watch** [wátʃ]：(腕)時計　**kind** [káind]：親切な　**name** [néim]：名前
cake [kéik]：ケーキ　**thought** [θɔ́ːt]：think(考える)の過去(分詞)形　**address** [ǽdres]：住所

109

いろいろな表現 ①
should, would, could / 時制の一致

月	日
	点

1 次の英文の下線部に適語を入れ，日本文に相当する英文を完成しなさい。 （完答 3 点× 4）

(1) 私はあなたのメル友になりたいのですが。

I ＿＿＿＿ like ＿＿＿＿ be your e-mail friend.

(2) あなたはもっと注意すべきです。

You ＿＿＿＿ ＿＿＿＿ more careful.

(3) 私はそれを持ち上げようとしましたが，できませんでした。

I tried to lift it, but I ＿＿＿＿.

(4) 中にお入りになりませんか。

＿＿＿＿ ＿＿＿＿ like to come in?

2 次の英文を日本文になおしなさい。 （3 点× 4）

(1) You should not eat so much cake.

( )

(2) I would like to see the manager.

( )

(3) He ran as fast as he could.

( )

(4) I thought that he was in the hospital.

( )

3 次の英文の下線部に適語を入れ，問答文を完成しなさい。（4 点× 3）

(1) *A* : Do you want anything to drink?

B : Oh, I'd ＿＿＿＿ a cold drink, please.

(2) *A* : What should I do for her?

B : You ＿＿＿＿ say nothing to her.

(3) *A* : Did you know she was in the USA last week?

B : No. I thought she ＿＿＿＿ in Japan.

1 (1) want to の控え目な表現になる。
(2)形は過去形でも，現在のことについて述べている。
(3) can't の過去形が入る。
(4)相手の意向をていねいにたずねる表現になる。

2 (3) as ～ as — can の文で，ran と過去形なので，can も could という過去形になっている。

☞チェック 21

重要

(4) **was につられて，「入院していた」とは，日本語ではしないことに注意。「～していると思った」とするのが自然な日本語。**

3 それぞれの *A* の発言の内容を正確に理解してから，*B* の内容を考えてみよう。

このページの単語・熟語

lift [líft]（リフト）: 持ち上げる　**manager** [mǽnidʒər]（マネヂャァ）: 支配人　**as ～ as — can**: できるだけ～
hospital [háspitl]（ハスピトゥル）: 病院　**be in the hospital**: 入院している

110

4 下線部の動詞を過去形にして，全文を書きかえなさい。 （8点×4）

(1) I think that he is a careful driver.

____

(2) He says that he will come to the party.

____

(3) He says the game begins at nine o'clock.

____

(4) I hear that he can run as fast as an athlete.

____

4 (1) thinkの過去形はthought。that の節の動詞も過去形にする。
(2) say の過去形はsaid。will は助動詞で，過去形は would。
(3) begin の過去形はbegan。ちなみに過去分詞は begun。
(4) hear の過去形はheard。can は助動詞である。

5 次の語群を並べかえて，正しい英文にしなさい。 （8点×2）

(1) I (cup / like / to / would / have / a / of) coffee.

I ______________________________ coffee.

(2) I didn't (London / was / that / he / know / in).

I didn't ______________________________.

5 (1) a cup of coffee がひとまとまりになる。
want to ～ の控え目な表現になる。
(2) that 以下の文では時制の一致で，動詞が過去形になることに注意する。

6 次の日本文を英文になおしなさい。 （8点×2）

(1) あなたは明日の朝その先生を訪ねるべきです。

____

(2) あなたは彼が正しいと思ったのですか。

____

6 (1)「明日の朝」＝ tomorrow morning。「訪ねる」＝ visit。
(2) Do you think (that) he is right? をもとに考える。

解答は別冊 P.28・29

さらに一歩！ ●助動詞 would の使い道はずいぶんとあるのですね？

そうです。どれも重要なものばかりですが，本書の108ページにあげたもの以外では，過去の習慣を表して，「よく～したものだった」があります。副詞の often や sometimes をよく伴います。

We **would** *often* play on that beach. （私たちはよくその浜で遊んだものでした。）

think [θíŋk]（スィンク）：思う，考える　**driver** [dráivər]（ドゥライヴァ）：運転手　**say** [séi]（セイ）：言う　**begin** [bigín]（ビギン）：始まる
I hear ～：～ということだ　**athlete** [ǽθliːt]（アスリート）：陸上選手　**visit** [vízit]（ヴィズィット）：訪ねる　**right** [ráit]（ライト）：正しい

111

いろいろな表現 ②

チェック 35・36

1 チェック 35 助動詞と同じ働きをする連語

実際には助動詞ではないが，連語の形で助動詞と同じ働きをするものがある。

►**have to ～**：「～しなければならない」⇨過去；had to ～，未来；will have to ～

►**don't[doesn't] have to ～**：「～しなくてもよい」⇨過去；didn't have to ～

►**be going to ～**：「～するつもりだ」⇨過去；was[were] going to ～

►**be able to ～**：「～することができる」⇨過去；was[were] able to ～, 未来；will be able to ～

►**had better ～**：「～したほうがよい」⇨形は過去でも現在のことについて言う。

►**used to ～**：「よく～したものだ」⇨現在との対比で用いられることが多い。

2 チェック 36-1 否定表現

►**no＋名詞〔代名詞〕**：「まったく～ない」⇨ no money，no one など

►**nobody**：「だれも～ない」⇨ 3 人称・単数扱い；人について使う

►**nothing**：「何も～ない」⇨ 3 人称・単数扱い；物について使う

►**few＋数えられる名詞**：「ほとんど～ない」⇨複数扱い；数について使う

►**little＋数えられない名詞**：「ほとんど～ない」⇨単数扱い；量について使う

►**never**：「決して～ない」⇨強い否定；一般動詞の前，be 動詞のあとに置く。

►**部分否定**：not との組み合わせで次の意味を表す⇨ **not very ～**（あまり～ではない），**not all ～ /not every ～**（すべてが～というわけではない），**not always**（いつも～とはかぎらない）

3 チェック 36-2 会話表現

You're welcome.	「どういたしまして」	**What's up?**	「どうしたの？」
What's wrong?	「どうかしたのですか」	**I see.**	「なるほど」
That's right.	「その通りです」	**I'm just looking.**	「見ているだけです」
How about ～?	「～はいかがですか」	**Here you are.**	「はい，どうぞ」
I'll take it.	「それをいただきます」	**Here's your change.**	「おつりです」
Who's calling?	「どちらさまですか」	**Hold on.**	「そのままお待ちください」

Can I take a message?「伝言を承りましょうか」 **I'll call back (later).**「かけなおします」

This is ～ (speaking).「こちらは～です」 **You have the wrong number.**「番号が違います」

●最重要文の練習● 次の英文を＿＿＿に書きましょう。

㊺ **I had to start early.** （私は早く出発しなければなりませんでした。）

had to

＿＿＿＿＿＿＿＿＿＿＿＿＿＿＿＿ ＿＿＿＿＿＿＿＿＿＿＿＿＿＿＿＿

㊻ **I have no brothers.** （私には兄弟はいません。）

no brothers.

＿＿＿＿＿＿＿＿＿＿＿＿＿＿＿＿ ＿＿＿＿＿＿＿＿＿＿＿＿＿＿＿＿

▶▶▶ポイント確認ドリル

解答は別冊 P.29

1 日本文に合うように，（ ）内から適する語句を選び＿＿に書きなさい。

□(1) あなたは今宿題をしなければなりません。

You (must, have) to do your homework now. ＿＿＿＿＿＿

□(2) 今日はここにいなくてもよい。

You (must not, don't have to) stay here today. ＿＿＿＿＿＿

□(3) 彼はアメリカ人のように英語を話すことができます。

He is (can, able) to speak English like an American. ＿＿＿＿＿＿

□(4) ジェーンは野球については何も知りません。

Jane knows (nothing, nobody) about baseball. ＿＿＿＿＿＿

□(5) 私にはアメリカに友だちはいません。

I have (no, nothing) friends in America. ＿＿＿＿＿＿

□(6) 彼女は決して学校に遅れません。

She is (no, never) late for school. ＿＿＿＿＿＿

2 次の語群を日本文に合うように並べかえて，全文を書きなさい。

□(1) 彼はいつも忙しいとはかぎりません。 He is (not / busy / always).

＿＿＿＿＿＿＿＿＿＿＿＿＿＿＿＿＿＿＿＿＿＿＿＿＿＿＿＿

□(2) 私は何も言うことはありません。 I have (to / say / nothing).

＿＿＿＿＿＿＿＿＿＿＿＿＿＿＿＿＿＿＿＿＿＿＿＿＿＿＿＿

このページの単語・熟語

start [stɑ́ːrt]（スタート）：出発する **early** [ə́ːrli]（アーリィ）：早く **homework** [hóumwəːrk]（ホウムワーク）：宿題
stay [stéi]（ステイ）：いる **like** [láik]（ライク）：～のように **be late for ～**：～に遅れる

113

いろいろな表現 ②

助動詞と同じ働きをする連語 // 否定表現 // 会話表現

月　日

点

1 次の英文の下線部に適語を入れ，日本文に相当する英文を完成しなさい。（完答 3 点× 3）

(1) あなたは中国語が話せますか。
Are you ＿＿＿＿＿ ＿＿＿＿＿ speak Chinese?

(2) あなたは今日何をするつもりですか。
What are you ＿＿＿＿＿ ＿＿＿＿＿ do today?

(3) すべての鳥が飛べるわけではありません。
＿＿＿＿＿ ＿＿＿＿＿ bird can fly.

1 (1) be 動詞を使って「～することができる」の意味に。
(2) be 動詞を使って未来を表す言い方に。
(3)部分否定の文になる。not の位置に十分注意しよう。bird と単数なので，all ではない。

2 次の英文を日本文になおしなさい。（3 点× 5）

(1) I used to walk two or three miles every day.
(　　　　　　　　　　　　　　　　)

(2) You had better hurry if you want to catch the train.
(　　　　　　　　　　　　　　　　)

(3) Here we have much rain, but little snow.
(　　　　　　　　　　　　　　　　)

(4) Few students failed the examination this year.
(　　　　　　　　　　　　　　　　)

(5) All horses are animals, but not all animals are horses.
(　　　　　　　　　　　　　　　　)

2 (1) used to ～は過去の習慣を表す言い方。used は[júːst]と発音する。
(2) had better ～の意味を考える。
(3) but のあとに(we have) little snow と補って考える。
(4) few に a がついていないことに注意する。
(5)後半が部分否定になっている。

3 次の英文の下線部に適語を入れ，問答文を完成しなさい。（4 点× 3）

(1) *A* : How about this cheaper one?
B : Oh, good! I'll ＿＿＿＿＿ it.

(2) *A* : Who's ＿＿＿＿＿, please?
B : It's me ... your son!

(3) *A* : Is this 123-9876?
B : No. You have the ＿＿＿＿＿ number.

3 (1)「買う」の意味だが，buy ではない。
(2)電話で「どちらさまですか」とたずねる文。
(3)まちがい電話であることを伝える言い方になる。

このページの単語・熟語

mile [máil]（マイル）：マイル　**hurry** [hə́ːri]（ハーリィ）：急ぐ　**rain** [réin]（レイン）：雨　**snow** [snóu]（スノウ）：雪
fail [féil]（フェイル）：落ちる　**examination** [igzæ̀minéiʃən]（イグザミネイション）：試験　**horse** [hɔ́ːrs]（ホース）：馬
cheap [tʃíːp]（チープ）：安い　**son** [sʌ́n]（サン）：息子

114

4 次の各組の文の内容がほぼ同じになるように，____に適語を入れなさい。　（8点×2）

(1) { I didn't know anything about Japan then.
I knew ____________ about Japan then.

(2) { He could not swim across the river.
He ____________ able to swim across the river.

5 次の英文を〔　〕内の指示にしたがって書きかえなさい。　（8点×2）

(1) He must come home early.　〔過去の意味を表す文に〕

____

(2) He can swim.　〔will と next year を加えて未来の文に〕

____

6 次の語群を並べかえて，正しい英文にしなさい。　（8点×2）

(1) You (have / for / few / will / a / hours / wait / to).

You ______________________________.

(2) (had / little / few / and / he / friends) money.

______________________________ money.

7 次の日本文を英文になおしなさい。　（8点×2）

(1) あなたはその辞書を買う必要はありません。

____

(2) 私の母はあまり幸福ではありませんでした。

____

4 (1) not anything を1語で表すとどうなるか。
(2) be able to の文を否定文にすることを考える。

5 (1) must と同じ意味を表すものを考え，その動詞を過去形にする。
(2) will can のように，助動詞を2つ並べて使うことはできない。

6 (1)「あなたは数時間待たなければならないでしょう」
(2)「彼には友だちもお金もほとんどありませんでした」

7 (1)「辞書」＝dictionary。「買う」＝buy。
(2) not very の構文にする。「幸福な」＝happy。

解答は別冊 P.29・30

❖さらに一歩！❖ ●「～しないほうがいい」はやはり **had better** を使って表すのですか？

はい。「～しないほうがいい」は〈**had better not＋動詞の原形**〉の形にします。not の位置に注意しておきましょう。

You **had better not** go out until she arrives.（彼女が到着するまで出かけないほうがいい。）

then [ðén]：そのとき，そのころ　**swim across ～**：～を泳いで渡る　**early** [ə́ːrli]：早く
next year：来年　**wait** [wéit]：待つ　**hour** [áuər]：1時間　**money** [mʌ́ni]：お金

115

セクション 10-1

仮定法過去 ①

116

チェック 37・38

1 チェック 37 if 節に be 動詞が使われる仮定法過去

現在の事実の反対を仮定し，その仮定に基づく想像を表現する形を**仮定法過去**という。基本的には次の型になる。

if 節（もし～である〔する〕なら）	主節（～するのだが）
If ＋ S ＋過去形 ～,	**S ＋ would / could / might / should ＋動詞の原形 ....**

＊ **if 節が be 動詞の場合**：if 節の be 動詞は原則として **were を使う**が，口語では主語が I，he / she などのときは was を使うこともある。また，if 節が主節のあとにくることもある

If I **were** you, I **would forget** all about her.
（were ← 過去形の be 動詞　would forget ← 助動詞の過去形＋動詞の原形）

＝ I would forget all about her if I were you.

（私があなただったら，彼女のことは全部忘れてしまうのだが。）

If that book **were** not so expensive, I **could buy** it.

（その本がそれほど高価でなければ，私はそれを買うことができるのだが。）

✓注　仮定法の文では，現在の事実がどうかもおさえておくとわかりやすい。

← That book is too expensive, so I cannot buy it.（高価すぎて買えません。）

2 チェック 38 if 節に一般動詞が使われる仮定法過去

一般動詞の場合は主語による変化はない。

If I **had** time, I **would wait** for you.
（had ← 動詞の過去形　would wait ← 助動詞の過去形＋動詞の原形）

（もし私に時間があれば，あなたを待ってあげるのだが。）

← Because I don't have time, I won't wait for you.

If I **knew** the answer, I **could tell** you.

（もし私が答えを知っていれば，あなたに教えてあげられるのに。）

← Because I don't know the answer, I can't tell you.

I **might speak** English better if I **had** more practice.

（もっと練習すれば，私はもっとうまく英語を話せるかもしれないのだが。）

✓注　might は may（～かもしれない）の過去形になる。

●最重要文の練習● 次の英文を＿＿＿に書きましょう。

㊼ **If I were you, I would forget about it.**（私があなたなら，それをわすれてしまうのだが。）

If were , would forget

＿＿＿＿＿＿＿＿＿＿＿＿＿＿＿＿＿＿＿＿

㊽ **If I had time, I would wait for you.**（もし時間があれば，あなたを待ってあげるのだが。）

If had , would wait

＿＿＿＿＿＿＿＿＿＿＿＿＿＿＿＿＿＿＿＿

▶▶▶ポイント確認ドリル

解答は別冊 P.30

1 各文の（　）内から適する語を選んで，＿＿に書きなさい。

□(1) If I (am, were) you, I would stay home. ＿＿＿＿

□(2) If it (rains, rained) tomorrow, I'll stay home. ＿＿＿＿

□(3) If they (was, were) here, I could talk with them. ＿＿＿＿

□(4) If I (know, knew) her address, I would write to her. ＿＿＿＿

□(5) If I had much money, I (can, could) buy the computer. ＿＿＿＿

2 各文に（　）内の語を正しい位置に入れて，仮定法過去の文を完成するとき，正しい位置を記号で答えなさい。

□(1) If ァ I ィ younger, I ゥ would ェ go there with you. (were) 〔　〕

□(2) ァ I would not do so ィ I were ゥ in ェ your position. (if) 〔　〕

□(3) If ァ I ィ enough time, I ゥ could ェ solve the problem. (had) 〔　〕

□(4) If ァ I ィ had much money, I ゥ go ェ abroad. (could) 〔　〕

□(5) If ァ I ィ had a map of this town, I ゥ could ェ his house. (find) 〔　〕

3 次の語群を日本文に合うように並べかえて，全文を書きなさい。

□(1) 彼がここにいたら，私はうれしいのだが。 (were / here / if / he), I would be happy.

＿＿＿＿＿＿＿＿＿＿＿＿＿＿＿＿＿＿＿＿

□(2) その本を持っていたら今読めるのだが。 If I had the book, (it / I / read / could) now.

＿＿＿＿＿＿＿＿＿＿＿＿＿＿＿＿＿＿＿＿

このページの単語・熟語

forget [fərgét]（フォゲット）：忘れる　**address** [ædres]（アドゥレス）：住所　**write to ～**：～に手紙を書く
money [mʌ́ni]（マニィ）：お金　**position** [pəzíʃən]（ポズィション）：立場　**enough** [inʌ́f]（イナフ）：十分な
solve [sɑ́lv]（サルヴ）：解く　**problem** [prɑ́bləm]（プラブレム）：問題　**abroad** [əbrɔ́:d]（アブロード）：海外へ

117

仮定法過去 ①
if 節に be 動詞〔一般動詞〕が使われる仮定法過去

月　日
点

1 次の英文を日本文になおしなさい。（4点×4）

(1) If I were rich enough, I could buy the car.
(　　　　　　　　　　　　　　　　　　　　)

(2) I would fly to you if I had wings.
(　　　　　　　　　　　　　　　　　　　　)

(3) If I didn't have a cold, I would go there with you.
(　　　　　　　　　　　　　　　　　　　　)

(4) If he were a good pitcher, we could win this game.
(　　　　　　　　　　　　　　　　　　　　)

1 (1) if 節に be 動詞が使われている仮定法過去。
(2) if 節が主節のあとにきている。if 節の動詞は一般動詞。
(3) if 節が否定文になっていることに注意。
(4) 主節の助動詞が could であることに注意。

2 (1)〜(4)につながるものを下から1つずつ選びなさい。（4点×4）

(1) If the sun didn't shine, 〔　　〕.
(2) If he were not busy, 〔　　〕.
(3) If it were not raining, 〔　　〕.
(4) If I knew her phone number, 〔　　〕.

ア I would call her　　イ nothing could live
ウ he would come here　　エ I would go for a swim.

2 (1)「太陽が輝かなかったら〜」
(2)「彼が忙しくなかったら〜」
(3)「雨が降っていなかったら〜」
(4)「私が彼女の電話番号を知っていたら〜」
if 節とうまくつながる主節を選ぶ。

3 次の各文の下線部に適語を入れ，日本文に相当する仮定法過去の英文を完成しなさい。（完答4点×3）

(1) あなたがここにいたら，あなたを手伝ってあげるのに。
If you ＿＿＿＿＿＿ here, I ＿＿＿＿＿＿ help you.

(2) もしお金をたくさん持っていたとしらあなたはどうしますか。
What ＿＿＿＿＿＿ you do if you ＿＿＿＿＿＿ much money?

(3) 私が病気でなければ，つりに行くことができるのですが。
If I ＿＿＿＿＿＿ not sick, I ＿＿＿＿＿＿ go fishing.

3 (1) if節の動詞は be 動詞になる。
(2) if節の動詞は一般動詞。
(3) if節の動詞は be 動詞。否定文になっていることにも注意。

このページの単語・熟語

rich [rítʃ]（リッチ）：裕福な　**enough** [inʌ́f]（イナフ）：十分に　**fly** [flái]（フライ）：飛ぶ　**wing** [wíŋ]（ウィング）：翼
cold [kóuld]（コウルド）：かぜ　**pitcher** [pítʃər]（ピチャァ）：ピッチャー　**win** [wín]（ウィン）：勝つ
shine [ʃáin]（シャイン）：輝く　**go for a swim**：泳ぎに行く　**go fishing**：つりに行く

118

4 次の文を仮定法過去の文に書きかえるとき，＿＿に適する語を書きなさい。 （完答８点×２）

(1) I am busy, so I can't play with my children.

If I ＿＿＿＿ not busy, I ＿＿＿＿ play with my children.

(2) You don't study hard, so you won't be a good student.

If you ＿＿＿＿ hard, you ＿＿＿＿ ＿＿＿＿ a good student.

5 次の語群を並べかえて，正しい英文にしなさい。 （８点×２）

(1) (not / were / rainy / if / it), we would play baseball.

＿＿＿＿＿＿＿＿, we would play baseball.

(2) If I knew her e-mail address, I (send / your photo / could / to) her.

If I knew her e-mail address, I ＿＿＿＿＿＿ her.

6 次の日本文を，(　)内の語を必要に応じて適切な形にかえて英文になおしなさい。 （８点×３）

(1) 私にもっとお金があれば，この車が買えるのだが。(have, can)

＿＿＿＿＿＿＿＿＿＿＿＿

(2) 彼女がその知らせを聞いたら喜ぶのだが。(will, happy)

＿＿＿＿＿＿＿＿＿＿＿＿

(3) もし私があなただったら，もっと熱心に勉強するのだが。(will)

＿＿＿＿＿＿＿＿＿＿＿＿

4 (1)「私は忙しいから，子どもたちと遊べません」がもとの意味。
(2)「あなたは熱心に勉強しないから，いい生徒にならないでしょう」がもとの意味。

5 (1)「雨が降っていなければ，私たちは野球をするのだが」の意味の文にする。
(2)「彼女のメールアドレスを知っていたらあなたの写真を彼女に送ってあげられるのだが」の意味の文にする。

6 (1)(　)内の語はいずれも過去形にして使う。
(2) if 節の動詞は hear を過去形にする。
(3) if 節に be 動詞を使う。

解答は別冊 P.30・31

❖さらに一歩！❖ ●ふつうの if の文と仮定法の if の文のちがいがよくわからないのですが？

仮定法過去はあくまでも現在と反対の仮定を表すものです。次の２文を比べてみましょう。

- **If** it **rains** tomorrow, I'll stay home. (明日雨が降ったら私は家にいます。)**〔単なる未来の仮定〕**
- **If** it **were** not rainy, I would go out. (雨が降っていなければ出かけるのですが。)**〔現在の事実と反対の仮定〕**

e-mail address：メールアドレス　**send** [sénd]（センド）：送る　**photo** [fóutou]（フォウトウ）：写真　**money** [mʌ́ni]（マニィ）：お金
news [n(j)úːz]（ヌーズ）：知らせ，ニュース　**hard** [hɑ́ːrd]（ハード）：熱心に，一生けんめい

119

仮定法過去 ②

120

チェック 39

1 チェック 39 願望を表す仮定法過去

「(今)～であればなあ」とか**「(今)～であればよいのに」**と現在の事実に反する実現しがたい願望を表すには wish を使って次のような型になる。この場合も，事実はどうなのかを考えるとよい。

願望する人＋ wish	願望する内容(仮定法過去)
S + wish	S ＋過去形 ....

＊**願望する内容に be 動詞が使われる場合**：if を使った仮定法過去の文と同じように，be 動詞は原則として **were を使う**が，口語では主語が I，he / she などのときは was を使うこともある。

I **wish** she **were** here. (彼女がここにいればなあ。)
↑ 主語に合わせる ↑ be 動詞は過去形

← I'm sorry she is not here. (彼女がここにいないのが残念です。)

I **wish** there **were** no exams at school.
(学校に試験なんかなければよいのになあ。)

← I'm sorry there are exams at school. (学校に試験があるのが残念です。)

注 願望を表す仮定法の文には hope を使うことはできない。hope は可能性のあること，希望がもてることに使う。なお，wish のあとの that は省略するのがふつう。

＊**願望する内容に一般動詞が使われる場合**：if の場合と同じように，主語による変化はない。

I **wish** I **had** a brother. (私に弟がいたらなあ。)
↑ 動詞の過去形：主語による変化はない

← I'm sorry I don't have a brother. (私に弟がいないのが残念です。)

She **wishes** she **knew** how to drive.
↑ 主語が 3 人称・単数なので wishes

(運転のしかたを知っていたらなあと彼女は思っています。)

← She is sorry that she doesn't know how to drive.

(運転のしかたを知らなくて彼女は残念に思っています。)

＊**願望する内容に助動詞が使われる場合**：願望する内容の部分を**〈S＋助動詞の過去形＋動詞の原形〉**にする。

I **wish** I **could speak** English well. (英語がうまく話せればなあ。)

I **wish** it **would stop** raining. (雨がやんでくれたらなあ。)

●最重要文の練習● 次の英文を＿＿＿に書きましょう。

㊾ **I wish she were here.** （彼女がここにいればなあ。）

wish were

＿＿＿＿＿＿＿＿＿＿＿＿＿＿＿＿＿＿＿＿＿＿＿

㊿ **I wish I had a brother.** （私に弟がいたらなあ。）

wish had

＿＿＿＿＿＿＿＿＿＿＿＿＿＿＿＿＿＿＿＿＿＿＿

▶▶▶ポイント確認ドリル

解答は別冊 P.31

1 各文の(　)内から適する語句を選んで，＿＿に書きなさい。

□(1) I (hope, wish) you were here. ＿＿＿＿＿

□(2) I wish they (was, were) free now. ＿＿＿＿＿

□(3) I wish I (was, am) much taller. ＿＿＿＿＿

□(4) I wish I (had, has had) more time. ＿＿＿＿＿

□(5) I wish I (can, could) run faster. ＿＿＿＿＿

2 各文を **I wish** で始まる仮定法過去の文にするとき，＿＿に適する語を書きなさい。

□(1) I'm sorry he is not in Japan.

I wish ＿＿＿＿＿ ＿＿＿＿＿ in Japan.

□(2) I'm sorry I don't know his phone number.

I wish ＿＿＿＿＿ ＿＿＿＿＿ his phone number.

□(3) I'm sorry I can't attend the party.

I wish I ＿＿＿＿＿ ＿＿＿＿＿ the party.

3 次の語群を日本文に合うように並べかえて，全文を書きなさい。

□(1) 新しいコンピュータがあったらなあ。 (had / I / a / I / new / wish) computer.

＿＿＿＿＿＿＿＿＿＿＿＿＿＿＿＿＿＿＿＿＿＿＿＿＿＿＿＿＿＿

□(2) 祖母が生きていてくれたらいいのになあ。 (were / grandmother / wish / my / I) alive.

＿＿＿＿＿＿＿＿＿＿＿＿＿＿＿＿＿＿＿＿＿＿＿＿＿＿＿＿＿＿

このページの単語・熟語

free [fríː]（フリー）：ひまな　**attend** [əténd]（アテンド）：出席する　**party** [pɑ́ːrti]（パーティ）：パーティー
computer [kəmpjúːtər]（コンピュータァ）：コンピュータ　**grandmother** [grǽnmʌ̀ðər]（グランマザァ）：祖母
alive [əláiv]（アライヴ）：生きている

121

セクション 10-2 仮定法過去 ②
願望を表す仮定法過去

月　日
点

1 次の英文を日本文になおしなさい。（4点×4）

(1) I wish I were a little taller.
(　　　　　　　　　　　　　　　　　　　)

(2) I wish I knew how to use the computer.
(　　　　　　　　　　　　　　　　　　　)

(3) Don't you wish you had a sister?
(　　　　　　　　　　　　　　　　　　　)

(4) He wishes he could run as fast as his father.
(　　　　　　　　　　　　　　　　　　　)

2 下線部に適するものを下から1つずつ選び，＿＿に書きなさい。ただし，同じ語は2度使わないこと。（3点×4）

(1) I hope to ＿＿＿＿＿ you again.

(2) Emma wishes she ＿＿＿＿＿ more time to play.

(3) Mr. Hara wishes he ＿＿＿＿＿ more popular among them.

(4) I wish it would ＿＿＿＿＿ raining.

had　were　see　stop

3 次の各文の下線部に適語を入れ，日本文に相当する英文を完成しなさい。（完答4点×3）

(1) 私はあなたのように裕福だったらなあ。
I ＿＿＿＿＿ I ＿＿＿＿＿ rich like you.

(2) 私にコンピュータが2台あったらいいのですが。
I ＿＿＿＿＿ I ＿＿＿＿＿ two computers.

(3) 私はフランス語が話せればいいのですが。
I ＿＿＿＿＿ I ＿＿＿＿＿ ＿＿＿＿＿ French.

---

1 事実関係は次のようになる。
(1) I'm sorry I'm a little shorter.
(2) I'm sorry I don't know how to use the computer.
(3) Aren't you sorry you don't have a sister?
(4) He is sorry he can't run as fast as his father.

2 (1)「あなたにまた会うことを希望します」の意味。
(2)「エマはもっと遊ぶ時間があればなあと思っています」の意味。
(3)「原さんは彼らにもっと人気があればいいと思っています」の意味。
(4)「雨がやめばいいのだが」の意味。

3 (1) be 動詞を使う。
(2) 一般動詞を使う。
(3) 助動詞を使う。

このページの単語・熟語

a little 〜：少し〜　**how to** 〜：〜のしかた　**as** 〜 **as** …：…と同じくらい〜
again [əgén]（アゲン）：再び，また　**popular** [pάpjələr]（パピュラァ）：人気のある
among [əmʌ́ŋ]（アマング）：〜の間で　**French** [fréntʃ]（フレンチ）：フランス語

122

4 次の文を願望を表す仮定法過去の文に書きかえるとき，＿＿に適する語句を書きなさい。（8点×2）

(1) I'm sorry Kate doesn't live in Kyoto.

I ＿＿＿＿＿＿＿＿＿＿＿＿＿＿＿＿ in Kyoto.

(2) I'm sorry you can't stay here longer.

I ＿＿＿＿＿＿＿＿＿＿＿＿＿＿＿＿ longer.

4 もとの文の意味は次の通り
(1)「ケイトが京都に住んでいなくて残念です」
(2)「あなたがもっと長くここに滞在できなくて残念です」

5 次の語群を並べかえて，正しい英文にしなさい。（8点×3）

(1) I (would / stop / wish / they) fighting.

I ＿＿＿＿＿＿＿＿＿＿＿＿＿＿＿＿ fighting.

(2) I (this / wish / could / I / sing) song.

I ＿＿＿＿＿＿＿＿＿＿＿＿＿＿＿＿ song.

(3) I (all / were / girlfriend / the / my / wish / I / with) time.

I ＿＿＿＿＿＿＿＿＿＿＿＿＿＿＿＿ time.

5 (1)「彼らがけんかをやめてくれるといいのだが」の意味の文にする。
(2)「この歌が歌えたらいいのだが」の意味の文にする。
(3)「私はいつもガールフレンドといっしょにいられたらいいのだが」の意味の文にする。

6 次の日本文を，(　)内の語を必要に応じて適切な形にかえて英文になおしなさい。（10点×2）

(1) 駅へ行く道を知っていればいいのだが。(I, know, way)

＿＿＿＿＿＿＿＿＿＿＿＿＿＿＿＿＿＿＿＿

(2) 私はあなたよりもっと強ければいいのだが。(strong)

＿＿＿＿＿＿＿＿＿＿＿＿＿＿＿＿＿＿＿＿

6 (1)「〜へ行く道」はthe way to 〜。knowは一般動詞。
(2) wish以下に比較級がくる。strongを比較級にして使う。

解答は別冊P.31・32

さらに一歩！ ●仮定法を使った何か便利な表現はありますか？

as if 〜「まるで〜であるかのように」，If only 〜「〜でさえあればなあ」(I wishとほぼ同じ)はよく使われます。

- He talks **as if** he **knew** everything.（何でも知っているかのように話します。）〔←全部は知っていない〕
- **If only** it **would stop** raining!（雨がやんでくれさえしたらなあ。）〔＝I wish it would stop raining.〕

long [lɔ́ːŋ]（ローング）：長く　**fight** [fáit]（ファイト）：けんかする，戦う　**sing** [síŋ]（スィング）：歌う　**song** [sɔ́ːŋ]（ソーング）：歌，曲
girlfriend [gə́ːrlfrènd]（ガールフレンド）：ガールフレンド　**all the time**：いつも，ずっと　**station** [stéiʃən]（ステイション）：駅
strong [strɔ́ːŋ]（ストゥローング）：強い

123

セクション 11-1

124

前置詞 ①

チェック 40・41

1 チェック40 前置詞で始まる句

前置詞は**〈前置詞＋名詞〔代名詞〕/動名詞〉**の形でひとまとまりの意味を表す。文中で動詞を修飾する副詞の働き**(＝副詞句)**をしたり，直前の名詞を修飾する形容詞の働き**(＝形容詞句)**をする。

副詞句 The book ***was found*** **on the desk**.（その本は机の上で発見されました。）
↑ 動詞を修飾

形容詞句 ***The book*** **on the desk** is mine.（机の上の本は私のです。）
↑ 直前の名詞を修飾

- Tom ***lives*** **in the city**.（トムはその町に住んでいます。） 〈副詞句〉
- ***People*** **in the city** are kind.（その町の人たちは親切です。） 〈形容詞句〉

2 チェック41 前置詞が名詞と離れる場合

前置詞は名詞や動名詞の前に置くのが原則だが，次のような場合には前置詞はあとにくる。

1 疑問詞が前置詞の目的語の場合

- *What* are you talking **about**?（あなたは何について話しているのですか。）〔← talk about ～(～について話す)〕
- *What* is he looking **for**?（彼は何を探しているのですか。）〔← look for ～(～を探す)〕

もとの〈動詞＋前置詞〉の意味をよく考えようね。

2 形容詞的用法の不定詞に伴う場合

- He has a house *to live* **in**.（彼には住む家があります。）〔← live in ～(～に住む)〕
- Do you have something *to write* **with**?（何か書くものをお持ちですか。）〔← write with ～(～で[～を使って]書く)〕

3 前置詞の目的語が関係代名詞の場合

- This is the house (*which*) he lives **in**.（これが彼が住んでいる家です。）
- He is a man (*that*) you can rely **on**.（彼は頼りにできる男ですよ。）〔← rely on ～(～を頼りにする)〕

4 〈動詞＋前置詞〉を含む受動態の場合

- He *was laughed* **at** by all his friends.（彼は友だちみんなに笑われました。）〔← laugh at ～(～を笑う)〕

●最重要文の練習● 次の英文を______に書きましょう。

(51) **What is he talking about?** (彼は何について話しているのですか。)

What　　　talking about?

(52) **He has a house to live in.** (彼には住む家があります。)

to live in.

▶▶▶ポイント確認ドリル

解答は別冊 P.32

1 ( )内から適する語句を選び，___に書きなさい。

□(1) I don't want to talk with (he, him). ______

□(2) It's difficult for (I, me) to speak good English. ______

□(3) He went out without (saying, to say) goodbye. ______

□(4) Are you fond of (to skate, skating)? ______

2 下線部が副詞句なら A，形容詞句なら B を書きなさい。

□(1) The dictionary <u>on the table</u> is mine. 〔　〕

□(2) I put the dictionary <u>on the table</u>. 〔　〕

□(3) Don't eat anything <u>in this room</u>. 〔　〕

□(4) The students <u>in this class</u> are diligent. 〔　〕

□(5) I want to read a book <u>about butterflies</u>. 〔　〕

□(6) He came here <u>about ten minutes ago</u>. 〔　〕

3 次の語群を日本文に合うように並べかえて，全文を書きなさい。

□(1) 飛行機での旅行は高くつきます。 (by / plane / travel) is expensive.

______

□(2) あなたは何を見ているのですか。 What are (looking / you / at)?

______

このページの単語・熟語

without [wiðáut]（ウィザウト）:～せずに　be fond of ～:～が好きである　put [pút]（プット）:置く

diligent [dílidʒənt]（ディリヂェント）:勤勉な　butterfly [bʌ́tərflài]（バタフライ）:チョウ　expensive [ikspénsiv]（イクスペンスィヴ）:高価な

125

セクション 11-1

前置詞 ①
前置詞で始まる句 // 前置詞が名詞と離れる場合

月　日

点

1 日本文に合うように，(　)内の語が入る適切な箇所の記号を書きなさい。 (4点×3)

(1) あなたは何を探しているのですか。 〔　〕
What ア are イ you ウ looking エ?　(for)

(2) あなたが話しかけた少年は私のいとこでした。 〔　〕
The ア boy イ you ウ spoke エ was オ my cousin.　(to)

(3) 心配することは何もありません。 〔　〕
There ア is イ nothing ウ to エ worry オ.　(about)

1 (1) look for ～「～を探す」。
(2) speak to ～「～に話しかける」。この文ではboyのあとに目的格の関係代名詞が省略されている。
(3) worry about ～「～を心配する」。to worryは形容詞的用法の不定詞。

2 次の英文を日本文になおしなさい。 (3点×4)

(1) The girl with black hair is my sister.
(　　　　)

(2) I don't want to go there with my sister.
(　　　　)

(3) I have nothing to write about.
(　　　　)

(4) I have nothing to write with.
(　　　　)

2 (1) with black hairは，girlを修飾する形容詞句。
(2) with my sisterは，goを修飾する副詞句。
(3)・(4) about, withのもともとの意味を考えてみよう。

3 次の英文の下線部に適語を入れ，日本文に相当する英文を完成しなさい。 (完答4点×3)

(1) 私はその部屋で彼を待っていました。
I was waiting ＿＿＿＿ him ＿＿＿＿ the room.

(2) あなたはどこの出身ですか。
＿＿＿＿ are you ＿＿＿＿?

(3) ここがあなたが滞在したホテルですか。
Is this the hotel you ＿＿＿＿ ＿＿＿＿?

3 (1)「～を待つ」＝wait for ～。
(2) 出身を表すのに使う「～から」の意味を表す前置詞は何か。前置詞が最後にくる。
(3)「～に滞在する」＝stay at ～。

このページの単語・熟語

look for ～:～を探す　**speak to ～**:～に話しかける　**cousin** [kʌ́zn](カズン):いとこ
wait for ～:～を待つ　**be from ～**:～の出身である　**stay at ～**:～に滞在する

126

4 次の各組の文の内容がほぼ同じになるように，____に適語を入れなさい。 （完答８点×２）

(1) He has no one that he can talk with.
He has no one ______ talk ______.

(2) Science is the subject. I'm most interested in it.
Science is the subject I'm most interested ______.

5 次の英文を〔 〕内の指示にしたがって書きかえなさい。 （８点×２）

(1) He was looking for his lost watch.〔下線部をたずねる疑問文に〕

____

(2) She is talking with her friend. 〔下線部をたずねる疑問文に〕

____

6 次の語群を並べかえて，正しい英文にしなさい。 （８点×２）

(1) Who (is / letter / from / the)?

Who ______________________________?

(2) He had a (lot / friends / with / of / play / to).

He had a ______________________________.

7 次の日本文を英文になおしなさい。 （８点×２）

(1) 彼はだれを待っているのですか。

____

(2) 彼が見ている絵はとても美しい。

____

4 (1)上の文の that 以下の関係代名詞の節を形容詞的用法の不定詞で表す。
(2)下の文の subject のあとには，目的格の関係代名詞が省略されている。

5 (1) look for ～で「～を探す」。

重要
(2)動詞や前置詞の目的語になる who が文頭に出る疑問文では，目的格の whom ではなく，主格の who の形で使うのがふつう。

6 (1)「その手紙はだれからのものですか」
(2)「彼にはいっしょに遊ぶ友だちがたくさんいました」

7 (1)「～を待つ」＝ wait for ～。
(2)「～を見る」＝ look at ～。
「絵」＝ picture。

解答は別冊 P.32・33

さらに一歩！ ●前置詞が最後にくる場合は熟語の知識が必要なんですね？

その通りです。意味の違いに注意して，次の例文も見ておきましょう。

What did you talk about? （何について話しましたか。） 〔← talk about ～(～について話す)〕
Who did you talk with? （だれと話しましたか。） 〔← talk with ～(～と話す)〕

no one:だれも～ない **science** [sáiəns]（サイエンス）:理科，科学 **subject** [sʌ́bdʒikt]（サブヂェクト）:学科
be interested in ～:～に興味がある **talk with ～**:～と話す **letter** [létər]（レタァ）:手紙

127

セクション 11-2 前置詞 ②

チェック 42

1 チェック 42 いろいろな前置詞

1 「時」を表す前置詞

- **at** :「~に」→時刻・時の1点 / at noon（正午に）, at night（夜に）, at present（現在）
- **on** :「~に」→特定の日・曜日など / on May 5th（5月5日に）, on that morning（その朝に）
- **in** :「~に」→月・季節・年 / in August（8月に）, in spring（春に）, in 2020（2020年に）
  :「~たてば, ~で」→時の経過 / in a week（1週間すれば）, in ten minutes（10分で）
- **from** :「~から」→時の出発点 / from morning till[to] night（朝から晩まで）
- **since** :「~以来」→過去のある時点からの継続 / since last Sunday（この前の日曜日以来）
- **by** :「~までに」→完了の期限 / by nine o'clock（9時までに）
- **until[till]** :「~まで(ずっと)」→動作・状態の継続 / until nine o'clock（9時までずっと）
- **for** :「~の間」→期間 / for three hours（3時間）, for a year（1年間）
- **during** :「~の間」→特定の期間 / during the lesson（授業中）, during one's stay（滞在中）
- その他 : **before**（~の前に）, **after**（~のあとに）, **within**（~以内に）など。

2 「場所」を表す前置詞

- **at** :「~で」→比較的せまい場所 / at home（家で）, at the door（戸口で）
- **in** :「~で」→比較的広い場所 / in Japan（日本で）, in the world（世界で）
- **on** :「~の上に」→接触して / on the desk（机の上に）, on the wall（壁に）
- **above** :「~の上方に」→離れて / above the clouds（雲の上に）
- **over** :「~の真上に」→空間をおいて / over our heads（私たちの頭の真上に〔を〕）
- **below** :「~の下方に」→ above の反対 / below the horizon（地平線の下に）
- **under** :「~の真下に」→ over の反対 / under the table（テーブルの下に）
- その他 : **between**（〔2つの〕間で）, **among**（〔3つ以上の〕間で）, **behind**（~のうしろに）など。

3 「時・場所」以外の前置詞

- **about** :「~について, (約~, ~ごろ)」
- **with** :「~といっしょに, ~を使って」
- **for** :「~のために, ~に賛成して」
- **by** :「~によって」
- **in** :「~(語)で, ~を着て, ~に乗って」
- **as** :「~として」
- **without** :「~なしで」
- **against** :「~に逆らって, ~に反対して」
- **of** :「~の」
- **after** :「~にちなんで」

●最重要文の練習● 次の英文を＿＿＿＿に書きましょう。

⑬ **Come back by nine.** （9時までに帰りなさい。）

by nine.

⑭ **Stay here until nine.** （9時までここにいなさい。）

until nine.

▶▶▶ポイント確認ドリル

解答は別冊 P.33

1 日本文に合うように，（ ）内から適する語を選び＿＿に書きなさい。

□(1) 私はたいてい11時に寝ます。
I usually go to bed (at, in) eleven. ＿＿＿＿

□(2) 私は2008年の5月10日に生まれました。
I was born (in, on) May 10th, 2008. ＿＿＿＿

□(3) 私たちは京都に1週間滞在しました。
We stayed in Kyoto (for, during) a week. ＿＿＿＿

□(4) 壁にかかっている絵を見てください。
Please look at the picture (at, on) the wall. ＿＿＿＿

□(5) 木の下にいる少女はジェーンです。
The girl (under, above) the tree is Jane. ＿＿＿＿

□(6) この動物についてあなたは何か知っていますか。
Do you know anything (for, about) this animal? ＿＿＿＿

2 次の語群を日本文に合うように並べかえて，全文を書きなさい。

□(1) 日本では学校は4月に始まります。 School begins (in / in / April) Japan.

＿＿＿＿＿＿＿＿＿＿＿＿＿＿＿＿

□(2) 夕方の7時までに帰りなさい。 Come back (by / in / seven) the evening.

＿＿＿＿＿＿＿＿＿＿＿＿＿＿＿＿

このページの単語・熟語

usually [júːʒuəli]（ユージュアリィ）：ふつうは，たいてい　**go to bed**：寝る　**week** [wíːk]（ウィーク）：週
look at ～：～を見る　**wall** [wɔ́ːl]（ウォール）：壁　**animal** [ǽnəməl]（アニマル）：動物　**begin** [bigín]（ビギン）：始まる

129

前置詞 ②
いろいろな前置詞

月　日

点

1 次の 2 文に共通して入る語を書きなさい。（3 点× 4）

(1) I go to school ＿＿＿＿ bus.
Can you finish it ＿＿＿＿ ten o'clock?

(2) Please come to my house ＿＿＿＿ my birthday.
There is a dictionary ＿＿＿＿ the desk.

(3) I have lived here ＿＿＿＿ six years.
This is a present ＿＿＿＿ you.

(4) I'll wait for you ＿＿＿＿ the station.
School begins ＿＿＿＿ eight thirty.

1 (1)上は「交通手段」，下は「期限」。
(2)上は「特定の日」，下は「接触」。
(3)上は「期間」，下は「対象」。
(4)上は「場所」，下は「時刻」。

2 次の英文を日本文になおしなさい。（3 点× 4）

(1) You'll find the newspaper behind the door.
(　　　　　　　　　　　　　　　　　　　　)

(2) The part of an iceberg under the water is much larger than the part above the water.
(　　　　　　　　　　　　　　　　　　　　)

(3) I live within a mile of the station.
(　　　　　　　　　　　　　　　　　　　　)

(4) The money was divided among the three brothers.
(　　　　　　　　　　　　　　　　　　　　)

2 (1) behind はここでは場所を表している。
(2) under，above の比較に注意する。
(3)この文の within は，範囲，あるいは距離を表している。
(4) among の表す意味に注意する。

3 次の英文の下線部に適語を入れ，問答文を完成しなさい。（4 点× 3）

(1) *A* : Did you have a good weekend?
B : Yes. I went shopping ＿＿＿＿ my sister.

(2) *A* : Where can I find books written ＿＿＿＿ English?
B : You can find them just over there.

(3) *A* : Do I have to wait for a long time?
B : Oh, no. I'll be back ＿＿＿＿ a minute.

3 (1)「妹といっしょに行った」と考える。
(2)「英語で書かれた本」と考える。
(3)「1 分で〔すぐに〕もどる」と考える。時間の経過を表すもの。

このページの単語・熟語

present [prézənt]（プレゼント）：プレゼント　**newspaper** [n(j)ú:zpèipər]（ヌーズペイパァ）：新聞　**part** [pɑ́:rt]（パート）：部分
iceberg [áisbə̀:rg]（アイスバーグ）：氷山　**mile** [máil]（マイル）：マイル(約1.6km)　**divide** [diváid]（ディヴァイド）：分ける

130

4 次の各組の文の内容がほぼ同じになるように，____に適語を入れなさい。 (完答6点×5)

(1) I watched TV. After that I did my homework.
I watched TV ____________ doing my homework.

(2) He didn't say anything and went away.
He went away ____________ ____________ anything.

(3) While I was staying in London, I made lots of friends.
____________ my stay in London, I made lots of friends.

(4) Bob usually drives to his office.
Bob usually goes to his office ____________ ____________.

(5) We are too hungry to work any more.
We can't work any more ____________ food.

4 (1)動作の前後関係に注意。どちらを先にしたのか。
(2)「～せずに」の意味を表す前置詞を考える。
(3)前置詞で「～の間」の意味を表すものを考える。
(4) drive to ～は「運転して～へ行く」，つまり「車で行く」ということ。
(5)上の文の hungry の内容から考える。

5 次の語群を並べかえて，正しい英文にしなさい。 (8点×2)

(1) A kite (tree / the / above / flying / is).

A kite ________________________________.

(2) You (return / Monday / must / book / by / the).

You ________________________________.

5 (1)「たこが木の上にあがっています」
(2)「あなたはその本を月曜日までに返さなければなりません」

6 次の日本文を英文になおしなさい。 (9点×2)

(1) 5時まで私を待ってください。

____

(2) 春は冬のあとにやって来ます。

____

6 (1)「5時まで(ずっと)」ということだから「継続」を表す。
「～を待つ」＝ wait for ～。
(2)「春」＝ spring。
「冬」＝ winter。

解答は別冊 P.33・34

さらに一歩！ ●本書128ページにある以外の前置詞にはどんなものがありますか？

「場所」と「方向・運動」を表す前置詞に分類して示してみましょう。

・場所：**by** (～のそばに)，**near** (～の近くに)，**in front of ～** (～の前に)

・方向・運動：**into** (～の中へ)，**out of ～**(～から)，**along** (～に沿って)，**through** (～を通って)

go away：立ち去る **lots of ～**：たくさんの～ **office** [ɔ́:fis] (オーフィス)：会社 **hungry** [hʌ́ŋgri] (ハングリィ)：空腹の
not ～ any more：もう～ない **kite** [káit] (カイト)：たこ **fly** [flái] (フライ)：飛ぶ **return** [ritə́:rn] (リターン)：返す

131

解答は別冊 P.34・35

月　日　点

いろいろな表現 / 仮定法過去 / 前置詞

1 正しい英文になるように，(　)内から適切な語句を選び，その記号に○をつけなさい。

（2点×5）

1 I would like (ア knowing イ to know) your address.

2 He said that he (ア is イ was) in London then.

3 Tom will (ア can イ be able to) swim next year.

4 Our school begins (ア at イ from) eight fifteen.

5 I know where (ア is he from イ he is from).

2 次の英文を日本文になおしなさい。（4点×2）

1 I don't know all of the members of the club.

(　　　　　　　　　　)

2 The girl with black hair is from China.

(　　　　　　　　　　)

3 次の英文の下線部に適語を入れ，日本文に相当する英文を完成しなさい。（完答4点×5）

1 あなたはそこへ行く必要はありませんでした。

You ＿＿＿＿ ＿＿＿＿ to go there.

2 私はあなたに言うことは何もありません。

I have ＿＿＿＿ to tell you.

3 明日の朝7時までにここに来なさい。

Come here ＿＿＿＿ seven o'clock tomorrow morning.

4 父は1時間でもどってくるでしょう。

My father will be back ＿＿＿＿ an hour.

5 私はニューヨークについては多くのことを知りません。

I don't know much ＿＿＿＿ New York.

このページの単語・熟語

address [ǽdres]（アドゥレス）:住所　**swim** [swím]（スウィム）:泳ぐ　**be from ～**:～の出身である
member [mémbər]（メンバァ）:会員　**hair** [héər]（ヘア）:髪の毛　**China** [tʃáinə]（チャイナ）:中国
hour [áuər]（アウア）:1時間

132

4 次の各組の文の内容がほぼ同じになるように，＿＿に適語を入れなさい。　（完答６点×２）

1 { He could not walk fast.
  He was ＿＿＿＿＿＿ ＿＿＿＿＿＿ to walk fast.

2 { Tom came to Tokyo last August and he is still in Tokyo.
  Tom has been in Tokyo ＿＿＿＿＿＿ last August.

5 次の英文を〔　〕内の指示にしたがって書きかえなさい。　（８点×２）

1 Tom was talking with his teacher. 〔下線部をたずねる疑問文に〕

＿＿＿＿＿＿＿＿＿＿＿＿＿＿＿＿＿＿＿＿＿＿＿＿＿＿＿＿＿＿＿＿

2 He says that he has a car made in Japan. 〔下線部を過去形にして〕

＿＿＿＿＿＿＿＿＿＿＿＿＿＿＿＿＿＿＿＿＿＿＿＿＿＿＿＿＿＿＿＿

6 次の語群を，日本文に合うように並べかえなさい。ただし，不要な語が１つずつあります。
（７点×２）

1 私たちは昨日雨の中で働かなければなりませんでした。
(to / rain / yesterday / we / the / in / had / work / must / .)

＿＿＿＿＿＿＿＿＿＿＿＿＿＿＿＿＿＿＿＿＿＿＿＿＿＿＿＿＿＿＿＿

2 これは住みよい家です。
(house / nice / on / this / in / a / live / is / to / .)

＿＿＿＿＿＿＿＿＿＿＿＿＿＿＿＿＿＿＿＿＿＿＿＿＿＿＿＿＿＿＿＿

7 次の日本文を英文になおしなさい。　（10点×２）

1 コップには水がほとんどありませんでした。

＿＿＿＿＿＿＿＿＿＿＿＿＿＿＿＿＿＿＿＿＿＿＿＿＿＿＿＿＿＿＿＿

2 彼は何かすわるものを見つけなければなりませんでした。

＿＿＿＿＿＿＿＿＿＿＿＿＿＿＿＿＿＿＿＿＿＿＿＿＿＿＿＿＿＿＿＿

still [stíl]（スティル）：まだ，今もなお　**have[has] been in ～**：～にずっといる　**in the rain**：雨の中で
work [wə́ːrk]（ワーク）：働く　**glass** [glǽs]（グラス）：コップ，グラス　**water** [wɔ́ːtər]（ウォータァ）：水　**sit** [sít]（スィット）：すわる

133

月　日　点

いろいろな表現 / 仮定法過去 / 前置詞

1 正しい英文になるように，(　)内から適切な語句を選び，その記号に○をつけなさい。（2点×5）

1 I had (ア few　イ a little) friends in the town.
2 You (ア have　イ had) better stay home today.
3 I'm interested in (ア collecting　イ to collect) foreign stamps.
4 He has been in Japan (ア for　イ since) last October.
5 This is the house which he (ア lives　イ lives in).

2 次の英文を日本文になおしなさい。（4点×2）

1 They all wish they were a little younger.
(　　　　　　　　　　　　　　　　　　　　)
2 The sky is over our heads and the ground is under our feet.
(　　　　　　　　　　　　　　　　　　　　)

3 次の英文の下線部に適語を入れ，日本文に相当する英文を完成しなさい。（4点×5）

1 あなたは約束を守るべきです。
You ____________ keep your promise.
2 私は水泳はあまりうまくありません。
I am not ____________ good at swimming.
3 通りには1台の車もありませんでした。
There were ____________ cars on the street.
4 その2つの間に何か違いはあるのですか。
Is there any difference ____________ the two?
5 あなたはこの計画に賛成ですか。
Are you ____________ this plan?

このページの単語・熟語
be interested in ～:～に興味がある　**a little**:少し　**ground** [gráund](グラウンド):地面
feet [fí:t](フィート):foot(足)の複数形　**keep one's promise**:約束を守る
difference [dífərəns](ディファレンス):違い

134

4 次の各組の文の内容がほぼ同じになるように，＿＿に適語を入れなさい。 （6点×2）

1 ｛I do not have anything to eat.
  I have ＿＿＿＿＿＿ to eat.

2 ｛I visited Mr. White while I was staying in London.
  I visited Mr. White ＿＿＿＿＿＿ my stay in London.

5 次の英文を〔 〕内の指示にしたがって書きかえなさい。 （7点×2）

1 You must study French. 〔will と next year を加えて未来の文に〕

＿＿＿＿＿＿＿＿＿＿＿＿＿＿＿＿＿＿＿＿＿＿＿＿

2 The man was Mr. Hill. Tom was speaking to him. 〔関係代名詞で1文に〕

＿＿＿＿＿＿＿＿＿＿＿＿＿＿＿＿＿＿＿＿＿＿＿＿

6 次の語群を，日本文に合うように並べかえなさい。ただし，不要な語が1つずつあります。
（8点×2）

1 すべてのアメリカ人がハンバーガーが好きだとはかぎりません。
(people / hamburgers / all / like / American / not / no / .)

＿＿＿＿＿＿＿＿＿＿＿＿＿＿＿＿＿＿＿＿＿＿＿＿

2 パリにいる私のおばはロンドンについて多くのことは知りません。
(in / aunt / about / my / Paris / for / London / much / know / doesn't / .)

＿＿＿＿＿＿＿＿＿＿＿＿＿＿＿＿＿＿＿＿＿＿＿＿

7 次の日本文を英文になおしなさい。 （10点×2）

1 私は彼が高校生だということを知っていました。

＿＿＿＿＿＿＿＿＿＿＿＿＿＿＿＿＿＿＿＿＿＿＿＿

2 5時までにここに来なさい。私はそのときまであなたを待ちます。

＿＿＿＿＿＿＿＿＿＿＿＿＿＿＿＿＿＿＿＿＿＿＿＿

stay [stéi] (ステイ)：滞在(する) **French** [fréntʃ] (フレンチ)：フランス語 **speak to ～**：～と話をする，～に話しかける
American [əmérikən] (アメリカン)：アメリカ(人)の **high school student**：高校生 **wait for ～**：～を待つ

135

総合テスト ①

月　日
点

解答は別冊 P.36

1 次の各組の語の下線部の発音が3つとも同じなら○，3つとも異なれば×，1つだけ他と異なれば△をつけなさい。（2点×3）

1 〔　　〕 { school / food / foot

2 〔　　〕 { peace / break / bread

3 〔　　〕 { famous / same / table

2 次のＡＢとＣＤの関係がほぼ同じになるように，Ｄに適語を入れなさい。（2点×6）

	A	B	C	D
1	buy	bought	catch	______
2	can	could	will	______
3	box	boxes	tooth	______
4	is not	isn't	has not	______
5	one	first	twelve	______
6	tall	taller	good	______

3 次の英文の下線部に適語を入れ，日本文に相当する英文を完成しなさい。（完答3点×6）

1 私はまだその本を読んでいません。
I have ______ read the book ______.

2 彼の名前は私たちみんなに知られています。
His name is ______ ______ us all.

3 私はその箱の開け方がわかりませんでした。
I didn't know ______ ______ open the box.

4 昨日ここに来た人は私のおじです。
The man ______ came here yesterday is my uncle.

5 あなたはすぐに彼に会いに行ったほうがいい。
You ______ ______ go to see him at once.

6 私はほとんどお金を持っていません。
I have ______ money with me.

4 次の各組の文の内容がほぼ同じになるように，下線部に適語を入れなさい。（完答５点×２）

1 { I don't know what I should say to you.
  I don't know ＿＿＿＿＿ ＿＿＿＿＿ say to you.

2 { You must run as fast as you can.
  You must run as fast as ＿＿＿＿＿.

5 次の英文を〔 〕内の指示にしたがって書きかえなさい。（６点×３）

1 They don't speak English in this country. 〔受動態の文に〕

＿＿＿＿＿＿＿＿＿＿＿＿＿＿＿＿＿＿＿＿＿＿＿＿＿＿＿＿＿＿

2 This English book is too difficult for me to read.〔so ～ that ... で同じ意味の文に〕

＿＿＿＿＿＿＿＿＿＿＿＿＿＿＿＿＿＿＿＿＿＿＿＿＿＿＿＿＿＿

3 This is the book. He bought it yesterday. 〔関係代名詞を使って１文に〕

＿＿＿＿＿＿＿＿＿＿＿＿＿＿＿＿＿＿＿＿＿＿＿＿＿＿＿＿＿＿

6 次の語群を，日本文に合うように並べかえなさい。ただし，不要な語が１つずつあります。（８点×２）

1 私がその質問に答えるのは難しい。

(it / question / for / difficult / answer / of / is / me / to / the / .)

＿＿＿＿＿＿＿＿＿＿＿＿＿＿＿＿＿＿＿＿＿＿＿＿＿＿＿＿＿＿

2 私は３年間この学校で英語を教えています。

(taught / school / at / since / I / this / English / have / years / for / three / .)

＿＿＿＿＿＿＿＿＿＿＿＿＿＿＿＿＿＿＿＿＿＿＿＿＿＿＿＿＿＿

7 次の日本文を英文になおしなさい。（10点×２）

1 私はこの本に興味はありません。

＿＿＿＿＿＿＿＿＿＿＿＿＿＿＿＿＿＿＿＿＿＿＿＿＿＿＿＿＿＿

2 向こうで私の妹と話している少年はだれですか。

＿＿＿＿＿＿＿＿＿＿＿＿＿＿＿＿＿＿＿＿＿＿＿＿＿＿＿＿＿＿

総合テスト ②

解答は別冊 P.37

月	日
	点

1 次の各組の語の下線部の発音が3つとも同じなら○，3つとも異なれば×，1つだけ他と異なれば△をつけなさい。（2点×3）

1 〔　　〕 { doctor / hobby / color }　　2 〔　　〕 { cloud / mountain / about }　　3 〔　　〕 { fact / water / make }

2 次のＡＢとＣＤの関係がほぼ同じになるように，Ｄに適語を入れなさい。（2点×6）

	A	B	C	D
1	call	calling	put	________
2	he	his	who	________
3	meat	meet	our	________
4	I	myself	he	________
5	fast	slow	early	________
6	knife	knives	foot	________

3 次の英文の下線部に適語を入れ，日本文に相当する英文を完成しなさい。（完答3点×6）

1 あなたは今までにその美しい絵を見たことがありますか。

Have you ________ ________ the beautiful picture?

2 あなたはその仕事を9時までに終えなければいけません。

You must finish the work ________ nine o'clock.

3 彼女は親切にも私に駅へ行く道を教えてくれました。

She was kind ________ ________ show me the way to the station.

4 私にはニューヨーク出身の友だちがいます。

I have a friend ________ is from New York.

5 私はあなたに事実を話してほしい。

I ________ ________ to tell me the truth.

6 この国で話されている言葉はフランス語です。

The language ________ in this country is French.

4 次の各組の文の内容がほぼ同じになるように，下線部に適語を入れなさい。（完答５点×２）

1 { This is the book written by my father.
This is the book ＿＿＿＿＿ my father wrote.

2 { He cannot swim across the river.
He isn’t ＿＿＿＿＿ ＿＿＿＿＿ swim across the river.

5 次の英文を〔　〕内の指示にしたがって書きかえなさい。（６点×３）

1 I think that she will come to the party. 〔下線部を過去形にして〕

＿＿＿＿＿＿＿＿＿＿＿＿＿＿＿＿＿＿＿＿＿＿＿＿＿＿＿＿＿＿

2 He has studied English for ten years. 〔下線部をたずねる疑問文に〕

＿＿＿＿＿＿＿＿＿＿＿＿＿＿＿＿＿＿＿＿＿＿＿＿＿＿＿＿＿＿

3 Did he use this computer? 〔受動態に〕

＿＿＿＿＿＿＿＿＿＿＿＿＿＿＿＿＿＿＿＿＿＿＿＿＿＿＿＿＿＿

6 次の語群を，日本文に合うように並べかえなさい。ただし，不要な語が１つずつあります。（８点×２）

1 彼は私にその車を洗うように頼みました。
(me / for / he / car / wash / asked / to / the / .)

＿＿＿＿＿＿＿＿＿＿＿＿＿＿＿＿＿＿＿＿＿＿＿＿＿＿＿＿＿＿

2 私にどこでその本を買えばよいか教えてください。
(please / book / me / buying / tell / where / to / buy / the / .)

＿＿＿＿＿＿＿＿＿＿＿＿＿＿＿＿＿＿＿＿＿＿＿＿＿＿＿＿＿＿

7 次の日本文を英文になおしなさい。（10点×２）

1 私を「ぼくちゃん」(Boku-chan)と呼ばないでください。

＿＿＿＿＿＿＿＿＿＿＿＿＿＿＿＿＿＿＿＿＿＿＿＿＿＿＿＿＿＿

2 あなたは15分でもどってくることができますか。

＿＿＿＿＿＿＿＿＿＿＿＿＿＿＿＿＿＿＿＿＿＿＿＿＿＿＿＿＿＿

総合テスト③

月　日

点

解答は別冊 P.38

1 次の各組の語の下線部の発音が3つとも同じなら○，3つとも異なれば×，1つだけ他と異なれば△をつけなさい。（2点×3）

1 〔　　〕 month / think / though

2 〔　　〕 home / love / dog

3 〔　　〕 work / third / heard

2 次のＡＢとＣＤの関係がほぼ同じになるように，Ｄに適語を入れなさい。（2点×6）

	A	B	C	D
1	begin	began	speak	＿＿＿＿
2	north	south	east	＿＿＿＿
3	large	small	difficult	＿＿＿＿
4	knives	knife	leaves	＿＿＿＿
5	one	once	two	＿＿＿＿
6	man	men	child	＿＿＿＿

3 次の英文の下線部に適語を入れ，日本文に相当する英文を完成しなさい。（完答3点×6）

1 そこに着き次第，お母さんに電話しなさい。

＿＿＿＿ ＿＿＿＿ as you get there, call your mother.

2 私には腰かけるものが何もありません。

I have nothing to ＿＿＿＿ ＿＿＿＿.

3 私はその知らせにとても驚きました。

I ＿＿＿＿ very ＿＿＿＿ at the news.

4 彼は私の弟ではなくおいです。

He is ＿＿＿＿ my brother ＿＿＿＿ my nephew.

5 彼はとても疲れていて動けませんでした。

He was ＿＿＿＿ tired ＿＿＿＿ move.

6 あなたはこれが何であるか知っていますか。

Do you know what ＿＿＿＿ ＿＿＿＿?

4 次の各組の文の内容がほぼ同じになるように，下線部に適語を入れなさい。 （完答５点×２）

1 When she knows the fact, she will be sad.
  She will be sad __________ __________ the fact.

2 Will you tell me the way to the station?
  Will you tell me __________ __________ get to the station?

5 次の英文を〔 〕内の指示にしたがって書きかえなさい。 （６点×３）

1 You didn't consult the dictionary. 〔付加疑問文に〕

____

2 He has been to England <u>three times</u>. 〔下線部をたずねる疑問文に〕

____

3 Mother bought me a new dress. 〔前置詞を使って同じ意味の文に〕

____

6 次の語群を，日本文に合うように並べかえなさい。ただし，不要な語が１つずつあります。 （８点×２）

1 あなたはだれがその花びんをこわしたか知っていますか。
(you / broke / did / do / know / who / vase / the / ?)

____

2 彼は英語だけでなくフランス語も話せます。
(can / English / he / but / French / only / not / also / speak / too / .)

____

7 次の日本文を英文になおしなさい。 （10点×２）

1 あなたは私の住所を知らないのですか。―― はい，知りません。

____

2 その辞書を買った女の子は私の妹ではありません。

____

総合テスト ④

解答は別冊 P.39

月	日
	点

1 次の各組の語の下線部の発音が３つとも同じなら○，３つとも異なれば×，１つだけ他と異なれば△をつけなさい。（２点×３）

1 〔　　〕 coins / tops / dolls　　2 〔　　〕 scolded / helped / answered　　3 〔　　〕 study / cut / uncle

2 次のＡＢとＣＤの関係がほぼ同じになるように，Ｄに適語を入れなさい。（２点×６）

	A	B	C	D
1	tooth	teeth	man	＿＿＿＿
2	above	below	over	＿＿＿＿
3	quick	quickly	easy	＿＿＿＿
4	come	coming	swim	＿＿＿＿
5	think	thought	keep	＿＿＿＿
6	piano	pianist	science	＿＿＿＿

3 次の英文の下線部に適語を入れ，日本文に相当する英文を完成しなさい。（完答３点×６）

1 あなたは公園の散歩が好きですか。
Are you ＿＿＿＿ ＿＿＿＿ taking a walk in the park?

2 彼にはその町にほとんど友だちがいませんでした。
He had ＿＿＿＿ friends in the town.

3 彼は毎週日曜日に教会へ行くというわけではありません。
He does ＿＿＿＿ go to church ＿＿＿＿ Sunday.

4 あなたはフランス語の勉強をやめるべきではありません。
You ＿＿＿＿ ＿＿＿＿ stop studying French.

5 あなたはパーティーに来られますよね。
You can come to the party, ＿＿＿＿ ＿＿＿＿?

6 私はその本がおもしろいとわかりました。
I ＿＿＿＿ the book ＿＿＿＿.

4 次の各組の文の内容がほぼ同じになるように，下線部に適語を入れなさい。（完答５点×２）

1 { American history is interesting to me.
  I am ＿＿＿＿＿ ＿＿＿＿＿ American history.

2 { Not only Tom but also I went to the concert.
  ＿＿＿＿＿ Tom ＿＿＿＿＿ I went to the concert.

5 次の英文を〔　〕内の指示にしたがって書きかえなさい。（６点×３）

1 He said to me, "Read the book."〔"　"のない文に〕

＿＿＿＿＿＿＿＿＿＿＿＿＿＿＿＿＿＿＿＿

2 I cannot solve the problem.〔It を主語にして同じ意味の文に〕

＿＿＿＿＿＿＿＿＿＿＿＿＿＿＿＿＿＿＿＿

3 He is so tall that he can touch the ceiling.〔不定詞を使って同じ意味の文に〕

＿＿＿＿＿＿＿＿＿＿＿＿＿＿＿＿＿＿＿＿

6 次の語群を，日本文に合うように並べかえなさい。ただし，不要な語が１つずつあります。（８点×２）

1 私はまだその部屋のそうじをしていません。
(already / room / I / have / the / cleaned / yet / not / .)

＿＿＿＿＿＿＿＿＿＿＿＿＿＿＿＿＿＿＿＿

2 彼はアメリカ製の車を２台持っています。
(cars / made / he / two / America / making / in / has / .)

＿＿＿＿＿＿＿＿＿＿＿＿＿＿＿＿＿＿＿＿

7 次の日本文を英文になおしなさい。（10点×２）

1 向こうに見える白い家は私のおじのです。

＿＿＿＿＿＿＿＿＿＿＿＿＿＿＿＿＿＿＿＿

2 私はだれがその部屋にいるのか知りませんでした。

＿＿＿＿＿＿＿＿＿＿＿＿＿＿＿＿＿＿＿＿

「中学基礎100」アプリ で，
スキマ時間にもテスト対策！

問題集

＼ 日常学習
テスト1週間前 ／

『中学基礎がため100%』
シリーズに取り組む！

アプリ

＼ 定期テスト直前！ ／

テスト必出問題を
「4択問題アプリ」で
チェック！

アプリの特長

『中学基礎がため100%』の
5教科各単元に
それぞれ対応したコンテンツ！
＊ご購入の問題集に対応した
コンテンツのみ使用できます。

テストに出る重要問題を
4択問題でサクサク復習！

間違えた問題は「解きなおし」で，
何度でもチャレンジ。
テストまでに100点にしよう！

＊アプリのダウンロード方法は，本書のカバーそで（表紙を開いたところ），または1ページ目をご参照ください。

中学基礎がため100%
できた！ 中3英語
文法

2021年2月　第1版第1刷発行
2024年1月　第1版第5刷発行

発行人／志村直人
発行所／株式会社くもん出版
〒141-8488
東京都品川区東五反田2－10－2　東五反田スクエア11F
☎ 代表　03(6836)0301
編集直通　03(6836)0317
営業直通　03(6836)0305

印刷・製本／図書印刷株式会社

監修／卯城祐司（筑波大学）
デザイン／佐藤亜沙美（サトウサンカイ）
カバーイラスト／いつか
本文イラスト／とよしまやすこ・しみずゆき
本文デザイン／岸野祐美・永見千春（京田クリエーション）・TENPLAN
編集協力／岩谷修
音声制作／ブレーンズギア
ナレーター／Rumiko Varnes

ISBN 978-4-7743-3113-3

CD57510

くもん出版ホームページ　https://www.kumonshuppan.com/

＊本書は『くもんの中学基礎がため100%　中3英語　文法編』を改題し，新しい内容を加えて編集しました。

公文式教室では、随時入会を受けつけています。

KUMONは、一人ひとりの力に合わせた教材で、
日本を含めた世界60を超える国と地域に「学び」を届けています。
自学自習の学習法で「自分でできた!」の自信を育みます。

公文式独自の教材と、経験豊かな指導者の適切な指導で、
お子さまの学力・能力をさらに伸ばします。

お近くの教室や公文式についてのお問い合わせは 0120-372-100（ミンナニヒャクテン）
受付時間 9:30～17:30　月～金（祝日除く）

教室に通えない場合、通信で学習することができます。

公文式通信学習　検索

通信学習についての詳細は 0120-393-373
受付時間 10:00～17:00　月～金(水・祝日除く)

お近くの教室を検索できます　くもんいくもん　検索

公文式教室の先生になることについてのお問い合わせは　0120-834-414　くもんの先生　検索

KUMON 公文教育研究会

公文教育研究会ホームページアドレス
https://www.kumon.ne.jp/

チェック 番号一覧 中3英語文法編

中学基礎がため100%

できた！
中3 英語

文法

別 冊

解答と解説

➡のあとの数字は，まとめのページの チェック の番号に対応しています。

KUMON

中1・2英語の復習テスト①

1 答 1 ウ　2 イ　3 ア
4 エ　5 イ

考え方 1 [ai]　2 [ei]　3 [t]
4 [ou]　5 [iː]

2 答 1 went　2 better　3 few
4 heard　5 swimming
6 Chinese

考え方 3 「量」と「数」の前につく形容詞。
6 国名と言語名。

3 答 1 reading　2 was washing
3 more famous　4 There were
5 to hear

考え方 2 過去進行形の文。
3 famous は more・most で比較級・最上級を作る。
5 原因を表す副詞的用法の不定詞。

4 答 1 Did　2 How many
3 Must　4 Who[Which]
5 Were

考え方 1 答えの文の did に注目する。
2 数をたずねる疑問文。
4 人には Who を使うことが多い。

5 答 1 Be kind to old people.
2 The temple was visited by a lot of people last year.
3 The baby will be able to walk soon.
4 What was Tom reading then?

考え方 1 be 動詞の原形で始める。
2 visited と過去形であることに注意。
4 過去進行形の疑問文。

6 答 1 I have a lot of[much / lots of] homework to do today.
2 I will[I'll] give you this dictionary. / I will[I'll] give this dictionary to you.
3 This problem[question] is not[isn't] as[so] difficult[hard] as that one.

考え方 1 形容詞的用法の不定詞を使う。
3 最後の one の代わりに problem, question を使ってもよい。

中1・2英語の復習テスト②

1 答 1 ア　2 ウ　3 エ
4 イ　5 エ

考え方 1 [ʌ]　2 [ɔː]　3 [θ]
4 [ɑːr]　5 [iː]

2 答 1 teeth　2 easy　3 won't
4 best　5 taken　6 write

考え方 2 simple でもよい。
6 同じ発音でつづりが異なる語。

3 答 1 better than　2 didn't look
3 few, little　4 cup of
5 because

考え方 2 sad は look の補語になる。
3 friends は数えられる名詞で, money は数えられない名詞。
5 理由を表す接続詞。

4 答 1 Are / there　2 Who　3 Is
4 Which　5 May[Can], like

考え方 2 答えの文の主語が複数でも Who は単数扱いにする。
5 would like to の言い方では, like のあとに動名詞は使えない。

5 答 1 The doghouse wasn't[was not] made by Tom.
2 We are[We're] going to leave early tomorrow morning.
3 This new tower is the highest in Japan.
4 He bought a new hat for her.

考え方 4 buy には for を使う。

6 答 1 Tadashi went to America to study English.
2 I had to wash the car yesterday.
3 I like English (the) best of all (the) subjects.

考え方 1 目的を表す副詞的用法の不定詞。
2 have to を過去形にした文。
3 副詞の最上級の the は省略できる。

セクション 1-1 現在完了①

ポイント確認ドリル P.9

1 答 (1) used　(2) known

(3) had (4) read (5) been
(6) eaten (7) heard (8) seen
(9) written (10) taught
(11) visited (12) spoken

考え方 use と visit は規則動詞で，これ以外は不規則動詞。

2 答 (1) have (2) has (3) never
(4) ever

考え方 (3) 「一度も～ない」は never。
(4) 疑問文の「今までに」は ever。

3 答 (1) I have visited the city twice.
(2) I have never seen the boy.

考え方 (1) 回数を表す語句は文末に置く。
(2) never は have と過去分詞の間に。

P.10・11

1 答 (1) read (2) visited (3) heard
(4) been (5) played (6) climbed

考え方 (1) 「私はその本を何回も読んだことがあります」
(2) 「健はしばしばニューヨークを訪れたことがあります」 to がないので visited にする。
(3) 「私はその男の人について以前耳にしたことがあります」
(4) 「私は1度奈良に行ったことがあります」
(5) 「私は1度彼とゴルフをしたことがあります」
(6) 「彼らはしばしば浅間山に登ったことがあります」

2 答 (1) 私はあの男の人を以前どこかで見かけた〔に以前どこかで会った〕ことがあります。
(2) 私の父は以前仕事でドイツに行ったことがあります。
(3) あなたは今までに白い象を見たことがありますか。―― いいえ，ありません。
(4) 私はそんなに美しい夕焼を一度も見たことがありません。

考え方 (4) 〈such a[an]＋形容詞＋名詞〉の語順。名詞が複数形のときはa[an]は不要。

3 答 (1) hasn't / has (2) did
(3) times

考え方 (1) 「トムは今までにその少女と話したことがありますか」―「いいえ，ありません。彼女とは一度も話したことがありません」
(2) 「いつどこでその記事を見たのですか」―「先週インターネットで見ました」
(3) 「その映画を何回見たことがありますか」―「1度だけ見たことがあります」

4 答 (1) I have[I've] eaten the fruit before.
(2) I have[I've] sometimes been late for school.
(3) He has[He's] never heard about the ozone layer.
(4) Has Fred visited Hokkaido many times?

考え方 I have, He has の短縮形はそれぞれ I've, He's になることも覚えておこう。

5 答 (1) have often seen him in
(2) you ever visited the museum

考え方 (2) ever の位置に注意しておこう。

6 答 (1) I have[I've] never written a letter in English.
(2) Have you ever been to[visited] France?

考え方 (1) write の過去分詞は written。

セクション 1-2 現在完了②

▸▸▸ポイント確認ドリル P.13

1 答 (1) for (2) since (3) for
(4) since (5) since

考え方 (1)～(4) ten years, a long time は期間を，last year, this morning は開始時点を表す。
(5) これも過去の開始時点を表すが，動詞が過去形の文になっている。

2 答 (1) not (2) haven't (3) Have
(4) Has

考え方 「継続」の否定文は have[has]と過去分詞の間に not を入れ，疑問文は have[has]を，主語の前に出す。否定文は「ない」期間の継続を表す。
(1) 「私は今日ずっと忙しくありません」
(2) 「私は昨日からずっとひまではあり

ません」

3 答 (1) I have known him for a long time.
(2) Have you been busy since yesterday?

考え方 (1) 「私は彼を長い間知っています」という日本語に置きかえて考える。

P.14・15

1 答 (1) been (2) lived (3) known
(4) used (5) studied (6) had

考え方 (1) 「私は昨日からずっと忙しい」
(2) 「彼はここに10年間住んでいます」
(3) 「私は彼とは長年の知り合いです」
(4) 「彼らはその車を1年間使っています」
(5) 「私たちは2年間英語を勉強しています」
(6) 「今週はずっとたくさん雪が降っています」

2 答 (1) 彼らは小さい子どものころから仲のよい友だちです。
(2) 私は長い間京都と奈良を訪れたいと思ってきました。
(3) ここでは2か月間まったく雨が降っていません。
(4) 彼らは昨日からお互いに口をきいていません。

考え方 (3) この文の we は一般の人を指している。「2か月間雨がない」が直訳。
(4) 話していない状況が昨日から続いていることを表している。

3 答 (1) has (2) haven't / I've, for
(3) How

考え方 (1) 「彼はそのときからここに住んでいるのですか」—「はい，そうです」
(2) 「彼とは長い知り合いですか」—「いいえ，そうではありません。知り合ってほんの1年です」
(3) 「ここにはどれくらい滞在しているのですか」—「1週間ここに滞在しています」

4 答 (1) I have[I've] been very busy this week.
(2) He has[He's] been dead for ten years.
(3) I have not[haven't] seen her since yesterday.
(4) How long has he lived here?

考え方 (1)・(2) be 動詞の過去分詞は been。
(4) 下線部は期間を表しているので，How long で始まる疑問文にする。

5 答 (1) has been sunny for five
(2) has Ken studied English since

考え方 (1) for five days がひとまとまり。
(2) since this morning がひとまとまり。

6 答 (1) Emi has been absent from school since yesterday.
(2) You have not[haven't] been kind to me since then.

考え方 どちらも〈be 動詞＋形容詞〉の形なので，be 動詞を been にして表す。

セクション 1-3 現在完了③

▸▸▸ポイント確認ドリル P.17

1 答 (1) just (2) already (3) gone
(4) yet (5) haven't

考え方 (2) already はふつう have[has]と過去分詞の間にくるが，文末に置くこともあることを覚えておこう。
(4)・(5) 現在完了にかぎらず，一般に not ～ yet で「まだ～ない」の意味を表す。

2 答 (1) not (2) yet (3) Have
(4) yet

考え方 否定文は have[has]のあとに not を入れる。疑問文は have[has]を主語の前に出す。「完了・結果」では，否定文・疑問文ともに文末に yet を置いて使うことが多い。
(4) 疑問文に yet の代わりに already を使うと，「もう(そんなに早く)～してしまったのか」という驚きを表す言い方になる。ふつうは yet を使うようにしよう。

3 答 (1) I have just opened the windows.
(2) I have already closed the windows.

考え方 just，already はともに have[has]と過去分詞の間に入る。ただし，already は文末に置くこともある。

P.18・19

1 答 (1) come (2) gone

(3) finished (4) lost (5) been
(6) become

考え方 (1)「健はちょうどロンドンからもどったところです」 comeの過去分詞は同じ形。
(2)「トムは学校へ行ってしまいました」
(3)「私はもう宿題を終えてしまいました」
(4)「私はそのドアの鍵(かぎ)をなくしてしまいました」
(5)「私はちょうど郵便局へ行ってきたところです」
(6)「彼は偉大な科学者になりました」

2 答 (1) 私はジョンに私たちの休暇についての手紙をちょうど書き終えたところです。
(2) 私はめがねを持たずに〔かけずに〕学校へ来てしまいました。
(3) 私はもうこの物語を読み終えましたが,まだそれについてのレポートを書いていません。

3 答 (1) yet / have (2) yet / Where

考え方 (1)「あなたはもう部屋のそうじをしましたか」—「はい,しました。もう自分の部屋はそうじしました」
(2)「その本は見つかりましたか」—「いいえ,まだです。—「どこに置いたのですか」—「テーブルの上に置いたと思うのですが」

4 答 (1) Has the English class begun yet?
(2) I have not[I haven't / I've not] done the dishes yet.
(3) Have you written your name yet?
(4) What has he bought now?

考え方 (2) I have not yet done the dishes. でもよいが,みなさんはyetを文末に置く形で覚えておこう。

5 答 (1) has become a famous doctor
(2) have not visited my uncle in

考え方 (1) becomeは原形と過去分詞が同じ形。

6 答 (1) I have[I've] already made a lot of[many] friends here.
(2) Has the train left yet? —— Yes, it has.

考え方 (2) 疑問文の「もう(～したか)」はyet。

セクション 1-4 現在完了④

▸▸▸ポイント確認ドリル P.21

1 答 (1) just (2) times (3) since
(4) for (5) once

考え方 (1)「完了」の「ちょうど」。
(3) 2020は開始時点。
(4)「5年か6年」は期間。
(5) only once or twiceで「ほんの1回か2回」。

2 答 (1) yet (2) never[not]
(3) yet (4) ever

考え方 (2)「経験」の否定文にはふつうneverを使うが,notを使うこともある。
(3)「完了」の疑問文の「もう」はyet。
(4)「経験」の疑問文の「今までに」はever。

3 答 (1) I have been to China twice.
(2) He has gone to New York.

考え方 (1)「経験」のhave been to ～。
(2)「完了・結果」のhave gone to ～。

P.22・23

1 答 (1) already (2) once
(3) yet (4) times (5) since
(6) for

考え方 (1)「完了」の「もう,すでに」。
(2)「経験」の「1回」。
(3)「完了」否定文の「まだ」。
(4)「経験」の「～回」。
(5)「継続」。過去の開始時点はsince。
(6)「継続」。期間はfor。

2 答 (1) 私はちょうど〔たった今〕その青いバラを見たところです。
(2) 私は1度だけその青いバラを見たことがあります。
(3) 彼らは以前南極に行ったことがあります。
(4) 私はちょうど東京駅へ行ってきたところです。

3 答 (1) haven't (2) never
(3) How long

考え方 (1)「その雑誌を捨てないで」—「ああ,わかりました。あなたはまだ読んでいないのですね」
(2)「中国を訪ねるのは今回が初めてで

すか」—「その通りです。これまで私は中国に行ったことが一度もありません」
(3) 「あなたはここにどれくらいいるのですか」—「今朝からずっとここにいます」

4 答 (1) How long[How many days] has Ken been here?
(2) Where have you been since then?
(3) Has Emi studied English yet today?
(4) Jane has been here for many days.

考え方 (2) Where のあとは疑問文の語順。

5 答 (1) have had no time to visit Jane
(2) one has lived in this house for

考え方 (1) 目的語の time に no がついた形。
(2) 主語がNo oneで実質的には否定文。

6 答 (1) I have[I've] just been to the library.
(2) Who has[Who's] been in that room since this morning?

考え方 (1) 「完了」の have been to ～。
(2) Who を主語として使う。「継続」の have[has] been in ～。

セクション 1-5 現在完了進行形

▸▸▸ポイント確認ドリル P.25

1 答 (1) been (2) swimming
(3) has (4) snowing (5) We've

考え方 現在完了進行形の基本形〈have[has]＋been＋～ing〉にあてはめて考える。
(2) swim は m を重ねて swimming。
(3) 主語は３人称・単数で has を使う。
(5) We have の短縮形 We've を使う。

2 答 (1) have, talking (2) have, running
(3) has been practicing

考え方 (1) 「私たちは今朝からその問題についてずっと話し合っています」
(2) 「あなたは１時間ずっと走っています」 run は n を重ねて running になる。
(3) 「ティムは何週間も熱心にサッカーを練習しています」 practice は e をとって practicing。

3 答 (1) I have been sitting here today.
(2) He has been doing his homework today.

考え方 (1) sitting は sit の～ing 形。
(2) 主語が３人称・単数なので has を使っている。do one's homework で「宿題をする」の意味。この do は一般動詞で「する」の意味。

P.26・27

1 答 (1) 今雨が激しく降っています。
(2) ちょうど今，激しい雨がやみました〔雨が降るのをやめました〕。
(3) 今朝から(ずっと)激しく雨が降っています〔降り続いています〕。

考え方 (1) 現在進行形の文。「～している」と現在進行中であることを表す。
(2) 「完了・結果」を表す現在完了の文。動作の完了を表す。
(3) 現在完了進行形の文。過去のある時点で始まった動作が現在も続いていることを表す。一般にこれからもその動作が続くことを意味することが多い。

2 答 (1) watching (2) preparing
(3) listening (4) blowing
(5) studying

考え方 (1) watch TV で「テレビを見る」。
(2) prepare dinner で「夕食を用意する」。prepare は e をとって preparing。
(3) listen to ～で「～を聞く」。この意味では listen のあとに必ず to がつく。
(4) blow は「(風などが)吹く」の意味。
(5) study English で「英語を勉強する」。

3 答 (1) been (2) Have / haven't
(3) long / I've

考え方 (1) 「あなたはそのときからずっとここで待っているのですか」−「はい，そうです」 have で答えていることに注目する。
(2) 「あなたは今朝からずっとピアノを弾いているのですか」−「いいえ，そうではありません。今日の午後に弾き始めました」 No の答えなので，have not が入る。空所が１つなので短縮形にする。
(3) 「あなたは東京にどれくらいの間滞在し続けているのですか」−「この前の日曜日からずっとここに滞在しています」 期間をたずねるのは How long。答えの文の空所が1つなので，I have の短縮形を使う。We've でもよい。

4 答 (1) Has Emi been writing this letter since then?
(2) How long has it been snowing?
(3) Where have they been playing basketball?
(4) Who has been playing the piano there?

考え方 (1)「絵美はそのときからずっとこの手紙を書いているのですか」〈Have[Has]＋主語＋ been ＋～ing 形 ...?〉が基本形になる。
(2)「どれくらい雪が降り続いているのですか」 期間をたずねるのは How long。このあとに疑問文の語順を続ける。
(3)「彼らはどこでずっとバスケットボールをしているのですか」 場所をたずねる疑問詞は Where。このあとに疑問文の語順を続ける。
(4)「だれがそこでずっとピアノを弾いているのですか」「だれが？」と人の主語をたずねるのは Who。Who は主語としてそのまま使う。

5 答 (1) has been cooking in the kitchen
(2) long have you been looking for the key

考え方 (1) 現在完了進行形の肯定文。
(2) How long で始まる疑問文。

6 答 (1) I have[I've] been running since this morning.
(2) Ken has been sleeping since three (o'clock).

考え方 (1) run は n を重ねて running。「今朝」は this morning。today's morning とはしない。
(2) 主語が3人称・単数なので has を使う。

セクション 2-1 受動態〔受け身〕①

ポイント確認ドリル P.29

1 答 (1) wrote, written (2) made
(3) took, taken (4) given
(5) put, put

考え方 (5) 原形・過去形・過去分詞が同じ形のものには cut(切る), hit(打つ), shut(閉める)などがある。

2 答 (1) spoken (2) are (3) was
(4) be

考え方 (1) speak－spoke－spoken の変化。
(2) 主語は複数で are。
(3) ～ ago は過去を表すので was。
(4) 未来は〈will be＋過去分詞〉。

3 答 (1) This computer is not used now.
(2) Are you invited to the party?

考え方 (1) 否定文は be 動詞のあとに not。
(2) 疑問文は be 動詞を主語の前に出す。

P.30・31

1 答 (1) cooked (2) found
(3) written (4) sent (5) heard
(6) taught

2 答 (1) この事故もまたすぐに忘れ去られるでしょう。
(2) あなたの国では何語が話されていますか。
(3) 昨夜は暗やみで〔の中で〕何も見えませんでした。

考え方 (1) forget の過去分詞に forgot が使われることもある。

3 答 (1) were planted (2) was read
(3) wasn't made (4) don't read

考え方 書きかえた文の意味は次の通り。
(1)「これらの木はジェーンによって植えられました」
(2)「その手紙は今日健によって読まれました」
(3)「その箱はトムによって作られませんでした」
(4)「若い人たちはこの本を読みません」

4 答 (1) English is taught by Ms. Green.
(2) A new book will be written by him soon[soon by him].
(3) When was the old tower built?
(4) Did young people love the songs?

考え方 (1) 現在の受動態。
(2) will のあとに be＋過去分詞が続く。soon は will のあとでもよい。

(3) When のあとは疑問文の語順になる。
(4) 「その歌は若い人たちに愛されましたか」→「若い人たちはその歌を愛していましたか」

5 答 (1) store is usually opened at ten
(2) often were you invited to

考え方 (1) usually の位置は be 動詞のあと。
(2) 回数をたずねる How often のあとに疑問文の語順を続ける。

6 答 (1) This letter was written by my mother.
(2) His name was not[wasn't] known two years ago.

考え方 (1) 過去の受動態は be 動詞を過去形に。
(2) 過去の受動態の否定文になる。

セクション 2-2 受動態〔受け身〕②

ポイント確認ドリル P.33

1 答 (1) gave, given
(2) worried, worried
(3) sent, sent (4) bought, bought

2 答 (1) to (2) for (3) at
(4) to (5) in

考え方 (1) give には to を使う。
(2) buy には for を使う。
(3) be surprised at ～で「～に驚く」。
(4) be known to ～で「～に知られている」。
(5) be interested in ～で「～に興味がある」。

3 答 (1) I was given water by him.
(2) I am interested in his car.

考え方 (1) He gave me water. の受動態。

P.34・35

1 答 (1) by (2) in (3) to
(4) for (5) at (6) of

考え方 (1) 「この本は漱石によって書かれました」
(2) 「この本は1890年に書かれました」
(3) 「この本は彼によって私に与えられました」
(4) 「この本は彼が私に買ってくれました」
(5) 「あなたは何に驚いたのですか」
(6) 「この机は木でできています」

2 答 (1) その知らせ〔ニュース〕は今朝友だちによって私に伝えられました。
(2) その山の頂上は雪でおおわれています。
(3) 絵美のネコはタマと呼ばれています。

考え方 (1) A friend told me the news this morning. を受動態にしたもの。
(2) be covered with ～で「～におおわれている」。
(3) call *A B* の受動態は *A* is called *B*。

3 答 (1) from (2) was born
(3) about (4) lost

考え方 (2) be born で「生まれる」。
(3) be worried about ～で「～を心配する」。
(4) be lost で「道に迷う」。

4 答 (1) We are[We're] taught English by Mr. Hara.
(2) A pretty doll was made (for) me by Kumi.
(3) The new computer is called Super-PC by Ben.

考え方 (1) 人を主語にした文に to はつかない。English is taught (to) us by Mr. Hara. の文と比べておこう。
(3) 「その新しいコンピュータはベンにスーパー PC と呼ばれています」の意味。

5 答 (1) e-mail was sent to me
(2) is not known to young people
(3) are you ashamed of

考え方 (1) 行為者が不明なので by ～はない。
(2) be known to ～の否定文。
(3) be ashamed of ～で「～を恥じている」。

6 答 (1) Are you interested in my story?
(2) I was not[wasn't] surprised at the story.

考え方 (1) be interested in ～の疑問文。
(2) be surprised at ～の否定文。

まとめのテスト① P.36・37

1 答 1 B 2 C 3 A
4 B 5 A

考え方 1 for ～→継続用法
2 already→完了用法

3　before →経験用法
4　since →継続用法
5　～ times →経験用法

2 答 1　私の母は(その)医者によって〔医者から〕薬をいくらか与えられました。
2　牛乳はバターやチーズを作るのに使われます。

考え方 1　The doctor gave my mother some medicine. を受動態にしたもの。
2　この文の for は「～のための〔に〕」。

3 答 1　surprised, at
2　not, yet　3　Was, made
4　has, since　5　covered, with

考え方 1　at の代わりに by が使われることもある。
2　「完了」の否定文。
3　過去の受動態の疑問文になる。
4　過去の開始時点は since で表す。
5　with の代わりに by, in も使われる。

4 答 1　isn't spoken　2　have lost

考え方 1　受動態に。by ～はなくてもこの国の人たちとわかるので省略する。
2　「結果」を表す用法。

5 答 1　The novel wasn't[was not] written by Mr. White.
2　How many times[How often] has Jane seen the movie?

考え方 1　もとの文が didn't と過去形なので，受動態の be 動詞は過去形にする。
2　下線部は「回数」を表しているので，How many times[How often]を使う。

6 答 1　I have not finished my homework yet.
2　How many students were invited to the party?

考え方 1　yet は not のあとでもよい。already が不要。
2　How many students をそのまま主語として使う。inviting が不要。

7 答 1　I have[I've] seen him before, but I have[I've] never talked with[to] him.
2　When was my name called? ―― (It was called) A few minutes ago.

考え方 1　後半は never の否定文にする。
2　疑問詞 When のあとに過去の受動態の疑問文の語順を続ける。

まとめのテスト② P.38・39

1 答 1　イ　2　ア　3　ア
4　イ　5　ア

考え方 1　speak の過去分詞は spoken。
2　受動態の否定文になる。
3　受動態の疑問文になる。
4　be ashamed of ～で「～を恥じている」。
5　be filled with ～で「～でいっぱいである」。

2 答 1　私の父は仕事でロンドンへ行ってしまいました。
2　私の父はロンドンへ3回行ったことがあります。

考え方 1　今現在ここにはいないことを示す。
2　「経験」を表す has been to ～。

3 答 1　never, such　2　made, from
3　pleased, with　4　just, been
5　finished, yet

考え方 1　「経験」の否定文になる。
2　牛乳は原料なので from。
3　be pleased with ～で「～が気に入る」。
4　have just been to ～で「ちょうど～へ行ってきたところだ」。「完了」の用法。
5　「完了」の疑問文になる。

4 答 1　interested in
2　has lived, for

考え方 1　「トムの話は私にはとてもおもしろかった」→「私はトムの話にとても興味があった」
2　「2年前に日本に来て，まだここに住んでいる」→「2年間ずっと日本に住んでいる」

5 答 1　His name is known to everybody.
2　How long have they studied English?

考え方 1　be known to ～で「～に知られている」。to の代わりに by も使われる。
2　継続の長さをたずねるのは How long。

6 答 1 I am very worried about your health.

2 Have you ever talked with my father?

考え方 1 be worried about ～で「～を心配する」。of が不要。very は形容詞化している worried の前につく。

2 「経験」の疑問文の「今までに」には ever を使う。never が不要。

7 答 1 Have you written the letter yet? —— Yes, I have.

2 Were you surprised at the news? —— No, I was not[wasn't].

考え方 1 疑問文の yet は文末に置く。

2 be surprised at ～で「～に驚く」。at の代わりに by を使うこともある。

セクション 3-1 分詞・動名詞①

▶▶▶ポイント確認ドリル P.41

1 答 (1) using, used

(2) speaking, spoken

(3) giving, given

(4) singing, sung

(5) writing, written

2 答 (1) crying (2) used

(3) sleeping (4) made

考え方 修飾する名詞と能動の関係（～している）なら現在分詞を，受動の関係（～された）なら過去分詞を使う。

3 答 (1) Who is the girl talking with him?

(2) How much is this used car?

考え方 (1) with him という語句を伴っているので，後置の形にする。

(2) 単独なので名詞の前に。〈this[that / the / a]＋分詞＋名詞〉の語順になる。

P.42・43

1 答 (1) reading (2) used

(3) written (4) waiting

(5) broken (6) standing

考え方 目的語や連語に注意して動詞を決める。

(5) 不規則動詞。break(割る，割れる)－broke－broken と変化する。

2 答 (1) テーブルの下で横になっている〔横たわっている〕犬は私のおじのです。

(2) 両親は，自分たちの息子によって描かれた〔息子が描いた〕絵をほめました。

(3) タンカーは石油を運ぶ船です。

(4) 英語は世界中で話されている言語です。

考え方 (2) The parents admired the picture. ＋ It was painted by their son.

(4) English is a language. ＋ It is spoken all over the world.

3 答 (1) that running (2) made in

(3) book read

考え方 (1) 〈that＋現在分詞＋名詞〉の語順。run の現在分詞は running。

(2) by Japan としないように。

(3) read の過去分詞は同じ形になる。most last year を伴っているので後置。

4 答 (1) Look at the little girl playing with a dog.

(2) This is the new bike given to me by my father.

(3) Don't wake the baby sleeping in the bed.

(4) These are the pictures taken by Fred.

考え方 いずれも他の語句を伴っているので後置の形にする。他の語句は以下の通り。

(1) with a dog

(2) to me by my father

(3) in the bed

(4) by Fred

5 答 (1) want to buy a used car

(2) know the children swimming in the

考え方 (1) a used car で「中古車」の意。

(2) swimming in the river が後置の形で children を修飾している。

6 答 (1) The girl playing the piano is Aya.

(2) These are the stamps collected by Tom.

考え方 (1) 現在分詞が文の主語を修飾する形に。

(2) 主語が These(これらは)なので，stamps と複数形にする。

セクション3-2 分詞・動名詞②

▶▶▶ポイント確認ドリル P.45

1 答 イ　あなたのお姉〔妹〕さんはその本を読み終えましたか。

エ　英語の本を読むことはとても楽しいです。

考え方 アは現在進行形の文。イは動詞の目的語になる動名詞，ウは直前の名詞を修飾する現在分詞，エは主語になる動名詞。

2 答 (1) swimming　(2) to see
(3) to go　(4) saying

考え方 (1)「あなたは海で泳いで楽しみましたか」 enjoy の目的語は動名詞。
(2)「私はあなたに二度と会いたくありません」 want の目的語は不定詞。
(3)「私は大学に行くことに決めました」 decide の目的語は不定詞。
(4)「彼はさようならも言わずに部屋から去りました」 前置詞の目的語は動名詞。

3 答 (1) He didn't stop crying.
(2) She is good at running.

考え方 (1) stop の目的語は動名詞。
(2) be good at ～ing で「～することが得意である」。「へたである」には good の代わりに poor や bad を使う。

P.46・47

1 答 (1) swimming　(2) to live
(3) coming　(4) writing
(5) to study　(6) eating

考え方 (1)「私たちは全員プールで泳いで楽しみました」
(2)「だれもが平安に暮らしたいと思っています」
(3)「私のパーティーに来てくださってありがとうございます」
(4)「あなたはいつその手紙を書き終えましたか」
(5)「私は大学でアメリカの歴史を勉強することを望んでいます」
(6)「あなたは食べすぎをやめるべきです」

2 答 (1) 私の父はその若い女性と話すのをやめました。
(2) 私の父はその若い女性と話すために立ちどまりました。
(3) (私は)あなたからお便りをもらうのを楽しみに待っています。
(4) 今夜映画を見に行くのはどうですか〔見に行きませんか〕。

考え方 (1) talking は stopped の目的語。
(2)「立ちどまってその若い女性と話しました」という日本語でもよい。

3 答 (1) without saying　(2) of going
(3) to visit

考え方 (1) without ～ing で「～しないで，～することなしに」。
(2) be afraid of ～ing で「～することを恐れる」。She is afraid to go out at night. は「彼女はこわくて夜外出できません」の意味になる。
(3) plan to ～で「～する計画である」。

4 答 (1) fond, running
(2) good, playing　(3) in collecting
(4) enjoyed talking　(5) talking to

考え方 (1) be fond of ～ing で「～することが好きだ」。
(2) be good at ～ing で「～することが得意である」。
(3) be interested in ～ing で「～することに興味がある」。
(5) stop ～ing to ... で「…するために～するのをやめる」。

5 答 (1) Swimming in this river is very
(2) book without using a dictionary

考え方 (1) Swimming ... が文の主語。
(2) without のあとに動名詞を使う。

6 答 (1) He (has) finished reading the letter written in English.
(2) My sister (has) decided to be [become] an English teacher[a teacher of English].

考え方 (1) 読み終えたばかりなら現在完了が使える。finish の目的語は動名詞。
(2) 現在もその決意に変わりがないときは現在完了が使える。

セクション 4-1 不定詞①

ポイント確認ドリル P.49

1 答 (1) to see　(2) talking
(3) to eat　(4) to know
(5) to finish

考え方 (1)「あなたは昨日私に会いにここに来ましたか」 目的を表す副詞的用法。
(2)「話すのをやめないで。話の結末が聞きたいのです」 目的語の動名詞。
(3)「私は何か食べるものがほしい」
(4)「あなたの名前と住所が知りたいのですが」 would like to ～の文では，to ～の代わりに動名詞は使えない。
(5)「あなたはまず自分の宿題を終わらせる必要があります」 名詞的用法。

2 答 (1) B　(2) D　(3) A　(4) C

考え方 (1)「私の姉〔妹〕は卵を買いにその店に行きました」
(2)「私には今日しなければいけないことがたくさんあります」
(3)「彼女は自分の家族について話し始めました」
(4)「私はその知らせを聞いてうれしかった」

3 答 (1) I don't want to see her.
(2) He went there to study music.

考え方 (1) 名詞的用法の want to ～の否定文。
(2) 目的を表す副詞的用法。

P.50・51

1 答 (1) B　(2) A　(3) C　(4) C
(5) B　(6) A

考え方 A：「火遊びは危険です」 名詞的用法。
B：「私に何か飲むものをください」 形容詞的用法。
C：「彼はお金をたくさんかせぐために一生けんめい働きました」 副詞的用法。
(1)「京都には見るべきものがたくさんあります」
(2)「彼はその会合に行くことに決めました」
(3)「私は切手を買いにそこに行くところです」
(4)「子どもたちは物事を学ぶために学校へ行きます」
(5)「私は旅行中に読む本を買いました」
(6)「食べすぎは健康に悪い」

2 答 (1) その車はあなたを駅に連れて行くために待っているところです。
(2) 私たちの計画はその砂漠を歩いて横切ることでした。

考え方 (1) take ～ to ... で「～を…に連れて行く」の意味。
(2) この文の plan は名詞。

3 答 (1) to read　(2) to drink
(3) to do　(4) your plan

考え方 (1)「本を読まなければならない」→「読むべき本がある」
(2)「何も飲みたくない」→「飲むべきものを何もほしくない」
(3)「忙しい」→「すべきことがたくさんある」
(4)「あなたは明日何をしようと計画しているか」→「明日のあなたの計画は何か」

4 答 (1) エ　(2) ア　(3) オ　(4) ウ
(5) イ

考え方 (1) to give ... は形容詞的用法。
(2) To get ... は名詞的用法。
(3) to see ... は副詞的用法。
(4) to hear ... は副詞的用法。
(5) to help ... は名詞的用法。

5 答 (1) will be surprised to hear the
(2) had a lot of books to

考え方 (1)「彼女はその知らせを聞いて驚くでしょう」
(2)「私には読むべき本がたくさんありました」

6 答 (1) I was very happy[glad] to see you again.
(2) I have[I've] no time[I don't have (any) time] to play with you.

考え方 (1) 前に会った人に「会う」というときは，meet ではなく see を使うのがふつう。
(2) 形容詞的用法にする。

セクション 4-2 不定詞②

▶▶▶ポイント確認ドリル P.53

1 答 (1) how (2) where (3) what

考え方 (1) how to 〜で「〜のしかた」。
(2) where to 〜で「どこで〜したらよいか」。
(3) what to 〜で「何を〜したらよいか」。

2 答 (1) to come (2) to help
(3) to study (4) tell

考え方 (1) 「彼に私の部屋に来るように言ってください」
(2) 「私は彼女に私を手伝ってくれるように頼みました」
(3) 「私はあなたにもっと一生けんめい英語を勉強してもらいたい」
(4) 「あなたは彼に家にいるように言いましたか」 say はこの形の文型に使うことはできない。

3 答 (1) I know how to cook fish.
(2) Tell him to wash the car.

考え方 (1) how to 〜で「〜のしかた」。
(2) 命令文になっている。

P.54・55

1 答 (1) what, do (2) to start[begin]
(3) which to

考え方 (3) which (...) to 〜で「どちら(の…) を〜すべきか」。

2 答 (1) 彼女は車掌にどこで列車〔電車〕を降りたらいいかたずねました。
(2) 私はだれかにこの手紙を郵便局まで持っていってほしい。
(3) 彼は(その)新しいコンピュータの使い方を説明しました。
(4) 彼は私に早く来ると約束しました。

考え方 (1) get off[on] 〜 (〜から降りる〔〜に乗る〕) は電車やバスに使い，ふつうの乗用車には get out of[into/in] 〜を使う。
(2) want ... to 〜の構文の ... に someone を使ったもの。
(3) how to 〜で「〜のしかた，どのように〜するか」。
(4) come early するのは文の主語 He であることを訳文で確認しておこう。

3 答 (1) told, to (2) asked, to
(3) to be

考え方 (1) 「父は私に『車を洗いなさい』と言いました」→「父は私に車を洗うように言いました」
(2) 「ケートは私に『ドアを開けてください』と言いました」→「ケートは私にドアを開けるように頼みました」
(3) 「私は息子が宇宙飛行士になることを望んでいます」→「私は息子に宇宙飛行士になってほしい」

4 答 (1) you know how to play chess
(2) can't decide what to cook for
(3) asked her to go to the
(4) don't want you to stay

考え方 (1) what が不要。 (2) why が不要。
(3) said が不要。 (4) stayed が不要。

5 答 (1) I asked where to go.
(2) Will[Can] you tell[show] me how to go[get] to the station?
(3) Ask your sister to wash[do] the dishes.
(4) She told Tom to study hard.

考え方 (1) 目的語が where to go。
(2) me が間接目的語で，how 以下が直接目的語。
(3) 「皿を洗う」は wash[do] the dishes。
(4) tell の過去形は told。

セクション 4-3 不定詞③

▶▶▶ポイント確認ドリル P.57

1 答 (1) It (2) too (3) for
(4) rich (5) exciting
(6) old enough

考え方 (1) 形式主語の it。「英語を勉強することは大切です」
(2) too ... to 〜の文。「彼は忙しすぎて外出できません」
(3) 不定詞の意味上の主語は for 〜。「私がピアノを弾くのは簡単です」
(4) enough の前は原級(もとの形)。「彼はその車を買えるほどの金持ちです」

(5) exciting は主語が物のときに，excited は主語が人の場合に使うのが原則。「サッカーの試合を見るのはわくわくします」

(6) 〈形容詞〔副詞〕+enough to ～〉の語順。「あなたはその映画を見てもいい年ごろです」。ただし，enough が形容詞として名詞を修飾するときは〈enough + 名詞+to ～〉の語順にするのがふつう。
〔例〕 I have enough money to buy the car.（その車を買えるだけのお金を持っています。）

2 答 (1) この英語の本を読むのは難しい。
(2) 私は今日は疲れすぎて夕食の料理ができません〔夕食を料理するには疲れすぎています〕。

3 答 (1) It was easy to answer the question.
(2) He is old enough to work.

考え方 (1) 過去の文なので，be 動詞は過去形。It was のあとには形容詞がくる。
(2) **1** の(6)の解説を参照。

P.58・59

1 答 (1) to (2) for (3) in
(4) enough (5) too (6) It

考え方 (1) 「彼の本は難しすぎて読めません」
(2) 「あなたに昼食を作ってあげることは私には簡単です」
(3) 「私たちは彼女に会うためにそこへ行きます」
(4) 「この本は買えるくらいの安さです」
(5) 「危険すぎてそこへは行けません」
(6) 「この本を読むのは簡単ではありません」

2 答 (1) イングランド〔イギリス〕からスコットランドへ車で行くことはできますか〔可能ですか〕。
(2) この物語は長すぎて1日では読めません〔1日で読むには長すぎます〕。
(3) この問題は難しすぎて私には説明できません〔私が説明するには難しすぎます〕。
(4) この本は6歳の子どもが読めるほど十分やさしい〔やさしいので6歳の子どもでも読めます〕。

考え方 (3)・(4) いずれも for - が不定詞の前に置かれて，不定詞の意味上の主語になっている。

3 答 (1) for, to (2) old enough
(3) isn't, to

考え方 (1) too ... to ～や enough to ～の文では，不定詞 to のあとにくる動詞の目的語が，文の主語と同じ場合は it などの目的語はつけないのがふつう。この文では carry it としないということ。**2** の(2)～(4)の read, explain のあとに目的語が省かれていることに注意。

4 答 (1) It, to (2) enough to
(3) too, to (4) time (5) enough

考え方 書きかえた文の意味は次の通り。
(1) 「正しい英語を話すのは簡単ではありません」
(2) 「彼は何でも買えるほどの金持ちです」
(3) 「そのかばんは重すぎて私には動かせません」
(4) 「私たちは旅行をする時間がありません」←「私たちは忙しすぎて旅行に行けません」
(5) 「私はそれを知っているくらい十分な年齢です」←「私は子どもではないのでそれくらい知っています」

5 答 (1) is natural for a baby to cry
(2) kind enough to buy a ticket

考え方 (1) for a baby が意味上の主語。
(2) ... enough to ～はこの文のように「…にも～してくれる」の訳文があてはまるものがある。

6 答 (1) It was impossible[It was not possible / It wasn't possible] for me to solve the problem[question].
(2) This book is too difficult[hard] for me to read.

考え方 (1) not possible を1語で表すと impossible になる。
(2) hard は形容詞で「難しい」(= difficult)の意味もある。

セクション 4-4 不定詞④

▶▶▶ポイント確認ドリル P.61

1 答 (1) sing (2) let (3) to stay
(4) come (5) to finish

考え方 (1) hear が知覚動詞。「私は彼女がコンサートで歌うのを聞きました」
(2) let が使役動詞。「母は昨夜私を外出させてくれませんでした」
(3) 〈want ... to ～〉「…に～してほしい」の文。使役動詞や知覚動詞の文ではない。「私は今日あなたにここにいてほしくありません」
(4) saw(see の過去形)が知覚動詞。「私は電車が駅に入るのを見ました」
(5) 〈have to ～〉「～しなければならない」の過去の文。使役動詞や知覚動詞の文ではない。「私たちは昨夜宿題を終えなければなりませんでした」

2 答 (1) us walk (2) me clean

考え方 (1) 「その男は私たちを雨の中を歩かせました」の意味の文にする。
(2) 「私の母は，私に部屋のそうじをさせました」の意味の文にする。

3 答 (1) I had him help me with my homework.
(2) I saw Ken go into the library.

考え方 (1) 〈have＋目的語(him)＋動詞の原形(help)〉「…に～してもらう」の文。
(2) 〈see＋目的語 (Ken) ＋動詞の原形 (go)〉「…が～するのを見る」の文。

P.62・63

1 答 (1) (その)先生は(その)生徒たちを立たせました。
(2) 彼女はあなたにそれをさせないでしょう〔することを許さないでしょう〕。
(3) 明日彼をここに来させましょうか〔来てもらいましょうか〕。
(4) 私がそのいすを教室に運ぶのを手伝ってください。

考え方 (1) stand up は「立ち上がる」の意味。
(2) let の過去形は同じ形の let であることも覚えておこう。
(3) 使役動詞の have が「～させる」か「～してもらう」かのどちらの意味になるかは文脈による。
(4) carry ... to ～で「…を～に運ぶ」。

2 答 (1) leave (2) play
(3) shake (4) come

考え方 それぞれ次の意味になる。
(1) 「あなたは彼女が家を出るのを見ましたか」
(2) 「私は娘がコンサートでバイオリンを弾くのを見ました」
(3) 「今しがた私たちは家が揺れるのを感じました」
(4) 「あなたはだれかが中に入って来るのに気づきましたか」

3 答 (1) listened, talk
(2) made, wait
(3) help, do

考え方 (1) listen to を1つの知覚動詞だと考える。
(3) do one's homework で「宿題をする」。

4 答 (1) made, think
(2) let, go (3) to enter

考え方 (1) 書きかえた文は「何があなたをそう考えさせたのですか」という意味になる。
(2) allow は目的語のあとに to 不定詞を伴うが，let は動詞の原形を伴う。
(3) 受動態にすると動詞の原形は to 不定詞になる。

5 答 (1) help the old woman walk across the
(2) let me know your phone
(3) felt something touch my foot

考え方 (1) help と動詞の walk があることから考える。
(2) Let me know ～.「私に～を教えて(ください)」はよく使われる表現。
(3) この文の動詞の原形は touch。

6 答 (1) I heard her cry.
(2) My mother will not[won't] let me go swimming.

考え方 (1) hear の過去形は heard。
(2) swim の～ing 形は m を重ねて swimming。

まとめのテスト③ P.64・65

1 答 1 dancing　2 to do
3 talking　4 to go　5 saying

考え方 1 「私たちは全員パーティーで踊って楽しみました」。enjoy の目的語は動名詞。
2 「私は次に何をしたらいいかわかりませんでした」。〈疑問詞＋ to ～〉の形。
3 「母と話している少年はフレッドです」。直前の名詞を修飾する現在分詞。
4 「あなたはなぜそのパーティーに行くと決めたのですか」。decide の目的語は不定詞。
5 「彼女はさようならを言わずに出て行きました」。前置詞の目的語になる動名詞。不定詞は前置詞の目的語になれない。

2 答 1 私は今夜そのパーティーに行きたくありません。
2 私は今夜あなたにそのパーティーに行ってほしくありません。

考え方 1 不定詞 to go ... の意味上の主語は，文の主語と同じ I。
2 不定詞 to go ... の意味上の主語は，直前の you。

3 答 1 made, in　2 too, to
3 reading, by　4 to, hear
5 in, making

考え方 1 直前の名詞を修飾する過去分詞。
2 too ... to ～の文。
3 finish の目的語は動名詞。
4 原因を表す副詞的用法の不定詞。
5 前置詞の目的語になる動名詞。

4 答 1 taken by　2 asked, to

考え方 1 「父がこの写真を撮りました」→「これは父によって撮られた写真です」
2 「健は私に『窓を閉めてくれませんか』と言いました」→「健は私に窓を閉めるように頼みました」。依頼の文になるので，動詞は asked。

5 答 1 We stayed at the hotel built in 1900.
2 It is[It's] impossible[It is not possible/It's not possible/It isn't possible] for me to solve this difficult problem.

考え方 1 built in 1900 が hotel を修飾。
2 形式主語の It で始める。不定詞の意味上の主語 for me は to solve の前に。

6 答 1 What is the language spoken in New Zealand?
2 I have no money to buy the dictionary.

考え方 1 speaking が不要。
2 for が不要。to buy ... は money を修飾する形容詞的用法の不定詞。

7 答 1 Are you going to buy the used car? —— Yes, I am.
2 Will you tell me when to start [leave]?

考え方 1 「中古車」は used car で，過去分詞が名詞の前にくる。
2 Can you tell me ...? でもよい。

まとめのテスト④ P.66・67

1 答 1 to eat　2 written
3 playing　4 to say　5 boiled

考え方 1 「私に何か食べるものをください」。形容詞的用法の不定詞。
2 「彼はフランス語で書かれた手紙を受け取りました」。後置の過去分詞。
3 「私は向こうでテニスをしている少女を知りません」。後置の現在分詞。
4 「彼女は私にその件については何も言わないように頼みました」。ask ... to ～の構文。
5 「彼らは今日朝食にゆで卵を食べました」。boiled egg で「ゆで卵」の意味で，boiled を名詞の前に置いて使う。

2 答 1 彼はその景色の写真を撮るために立ちどまりました。
2 彼はその景色の写真を撮るのをやめました。

考え方 1 to take ... は目的を表す副詞的用法。
2 taking ... は動詞 stopped の目的語になる動名詞。

3 答 1 what, to　2 were, washed
3 running, with　4 where, to
5 It, to

考え方 1 〈疑問詞＋to ～〉の形。「何を」とあるので疑問詞はwhat。
2 dishesと複数なのでwere。「洗い終わった」→「洗われた」と考える。
3 後置の現在分詞を使う。
4 「どこで」とあるので疑問詞はwhere。
5 形式主語になることができるのはit。

4 答 1 fond, listening
2 how to

考え方 1 「ヘレンはクラシック音楽を聞くのが好きです」。be fond of ～ingで「～することが好き」の意。
2 「駅へ行く道を知っていますか」→「どのようにして駅に行けばいいか知っていますか」

5 答 1 Who is that man singing by the door?
2 It is not[It isn't / It's not] easy to speak good English.

考え方 1 「ドアのそばで歌っているあの男の人はだれですか」
2 「正しい英語を話すのは簡単ではありません」

6 答 1 She was kind enough to help me.
2 I don't know the girl playing the piano now.

考え方 1 tooが不要。 2 playedが不要。

7 答 1 He stopped walking, and began[started] to look at the map.
2 I do not[don't] want you to be [become] a doctor.

考え方 1 to lookの代わりにlookingと動名詞にしてもよい。He stopped walking to look at the map. という英文にしてもよい。ただし，この英文ではto lookの代わりにlookingは使えない。
2 I want ... to ～の否定文になる。

セクション 5-1 接続詞①

▸▸▸ポイント確認ドリル P.69

1 答 (1) but (2) and (3) and
(4) and (5) but

考え方 (1) 「私はおじを訪ねましたが，おじは家にいませんでした」
(2) 「私たちは先月大阪，京都，そして奈良を訪れました」
(3) 「急ぎなさい，そうすれば電車に間に合いますよ」
(4) 「私は家に2匹犬を飼っています…白い犬と黒い犬です」
(5) 「私は駅へ急いで行きましたが，電車に乗れませんでした」

2 答 (1) or (2) so (3) or
(4) or (5) so

考え方 (1) 「もう起きなさい，さもないと学校に遅れますよ」
(2) 「絵美はかぜをひいています。それで今日は学校に行けません」
(3) 「私はその本を4回か5回読みました」
(4) 「私が電話しましょうか，それともあなたが私に電話していただけますか」
(5) 「雨が降っていました。それで私は散歩に出かけませんでした」

3 答 (1) I play both baseball and soccer.
(2) He is not a teacher but a student.

考え方 (1) 「～も…も両方とも」はboth ～ and ...。
(2) 「～ではなく…」はnot ～ but ...。

P.70・71

1 答 (1) so (2) but (3) or
(4) and

考え方 (1) 「だから，それで」はso。
(2) 「でも，しかし」はbut。
(3) 命令文のあとのorは「さもないと」。
(4) 時間的な順序を表すand。

2 答 (1) シェイクスピアは音楽家ではなく，作家でした。
(2) 一生けんめい勉強しなさい，そうすればあなたは試験に合格するでしょう。
(3) 私はそのお金でCDかDVDのどちらかを買うつもりです。
(4) 彼女は(中に)入って来てコート〔上着〕を脱ぎました。

考え方 (1) not ～ but ... で「～ではなく…」。
(2) 命令文のあとのandは「そうすれば」。
(3) either ～ or ... で「～か…かどちらか」。

3 答 (1) Both, and (2) only, but

(3) and (4) and[to]

考え方 (1)「～も…も両方とも」は both ～ and ...。これが主語のときは複数として扱う。
(2)「～だけではなく…も(また)」は not only ～ but also ...。also は省略されることもある。
(3)「ますます～，さらに～」は〈比較級＋and＋比較級〉。
(4) come[go] and ～で「～しに来る〔行く〕」。and の代わりに to も使われる。口語では and や to も省かれて Come see me again tomorrow. のようになることもある。

4 答 (1) Both, and (2) or

考え方 (1) トムもジムも日本語を話せることを both ～ and ... で表す。
(2) 命令文のあとの or は「さもないと」。

5 答 (1) It was raining, so I didn't go out.
(2) Tom speaks not only French but also Spanish[not only Spanish but also French].

考え方 (1)「雨が降っていたので出かけなかった」→「雨が降っていた，だから出かけなかった」。
(2) not only *A* but (also) *B* が主語に使われるときの動詞の形は *B* に合わせることも覚えておこう。Not only you but also I was wrong. (あなただけでなく私もまちがっていました)

6 答 (1) not a nurse but a
(2) are there between Tokyo and

考え方 (1)「彼女は看護師ではなくて医師です」
(2)「東京と上野の間には駅がいくつありますか」。between ～ and ... の形。

7 答 (1) I want to visit either Kyoto or Nara.
(2) I want to visit both Kyoto and Nara.

考え方 (1)・(2) either ～ or ... は2つの中から1つ，both ～ and ... は2つのどちらも，ということを表す。

セクション 5-2 接続詞②

ポイント確認ドリル P.73

1 答 (1) when (2) that (3) that
(4) when (5) that

考え方 (1)「彼女がやって来たとき私は手紙を書いていました」
(2)「彼女はあなたがそんなにリンゴが好きだとは知りません」
(3)「お母さまが早くよくなればいいですね」
(4)「あなたは子どものときどこに住んでいましたか」
(5)「私を愛していると言ってください」

2 答 (1) because (2) if
(3) because (4) if (5) because

考え方 (1)「することがいっぱいあったので，私はそこへ行きませんでした」
(2)「助けが必要になったらいつでも私に電話しなさい」
(3)「彼女は重病だったのでベッドで寝ていなければなりませんでした」
(4)「もし明日雨が降ったら私は家にいます」
(5)「私は疲れていたので早く寝ました」

3 答 (1) Call me as soon as you get home.
(2) It's so hot that I won't go out.

考え方 (1)「～するとすぐに」は as soon as ～。
(2)「とても～なので―は…しない」は so ～ that ― won't …。

P.74・75

1 答 (1) because (2) since
(3) that (4) if

考え方 (1)「彼は電車に乗り遅れたので遅刻しました」
(2)「この町に引っ越して以来彼女に会っていません」 since は前置詞以外に接続詞としても使われる。
(3)「彼が正直な少年であるということはだれでも知っています」
(4)「彼女にあやまればあなたを許してくれるでしょう」

2 答 (1) とても暖かかったけれど，彼女はコート〔上着〕を脱ぎませんでした。

(2) 駅に着いたらすぐに切符を買いなさい。

(3) 雨が降り始めたので，私たちは野球をするのをやめました。

(4) 待っている間ここにおすわりください。

考え方 (1) though は「〜だけれども」の意味。

(2) as soon as 〜で「〜するとすぐに」。

(3) この文の as は「〜なので」の意味。

(4) when は「〜するとき」の意味だが，while は「〜する間」の意味で，ある程度の幅のある時間を表すのに使う。

3 答 (1) until [till]　(2) when　(3) before　(4) after

考え方 (1) 「〜まで(ずっと)」は until か till で，継続を表す。

(3) 「暗くならないうちに」→「暗くなる前に」と考えて before を使う。

(4) 「帰宅してから」→「帰宅したあとで」と考えて after を使う。

4 答 (1) so, that　(2) Though [Although]

考え方 (1) この書きかえは重要。He was kind enough to show me the way. → He was so kind that he showed me the way.（彼は親切にも私に道を教えてくれた）も覚えておこう。

5 答 (1) I was so busy that I couldn't [could not] come.

(2) As soon as I reached the hotel, I called him. [I called him as soon as I reached the hotel.]

考え方 (1) この書きかえも重要なので何回も練習しておこう。

(2) as soon as 〜の位置は前半でも後半でもよい。

6 答 (1) ran as fast as I

(2) is so small that I can't see it

考え方 (1) 「私はできるだけ速く走りました」＝ I ran as fast as possible.

(2) 「その星はとても小さくて私には見えません」

7 答 (1) I don't [do not] think (that) he will [he'll] come here tomorrow.

(2) It was so cold yesterday that I couldn't [could not] go out.

考え方 (1) that は省略してもよい。「来ないと思います」という日本語でも，同じ英文になる。think のほうを否定する。

(2) so 〜 that ... の文でも that が省略されることもあるが，ここでは省略されない形で覚えておこう。yesterday は文末に置いてもよい。

セクション 6-1 関係代名詞①

▶▶▶ポイント確認ドリル P.77

1 答 (1) who　(2) which　(3) which　(4) who

考え方 先行詞が「人」なら who，「物」・「動物」なら which を使う。

(1) 「私たちはここに住んでいる男の人を知りません」

(2) 「これは公園へ行くバスです」

(3) 「マイクは私のよりもいい自転車を持っています」

(4) 「向こうで走っている少年はトムです」

2 答 (1) イ　(2) イ　(3) ウ

考え方 (1) who painted this picture が主語の The girl を修飾している。

(2) 先行詞は a dog で「動物」。ペットなどが家族のように扱われている場合は，親しみをこめて，関係代名詞に who を使うこともある。

(3) 先行詞は the man。

3 答 (1) I know a girl who speaks Chinese.

(2) This is the train which goes to Aomori.

考え方 (1) I know a girl. ＋ She speaks Chinese.

(2) This is the train. ＋ It goes to Aomori.

P.78・79

1 答 (1) イ　(2) ウ

考え方 (1) 「となりに住んでいる少女はとてもかわいらしいです」

(2) 「丘の上に立っている家を見なさい」

ア 疑問詞(で代名詞)の who。

エ 〈疑問詞＋名詞＋to ～〉に使われている which。

2 答 (1) 今朝来た手紙は父からのものでした。
(2) 門の近くに立っている少女は美しい花を持っています。
(3) 昆虫は6本の脚を持つ小さな動物です。
(4) 彼は，東京で撮られた写真を私たちに(何枚か)見せてくれました。

考え方 (1) The letter was from my father. ＋ It came this morning.
(2) The girl has lovely flowers. ＋ She is standing near the gate.
(3) An insect is a small animal. ＋ It has six legs.
(4) He showed us some pictures. ＋ They were taken in Tokyo.

3 答 (1) which[that] (2) who[that]
(3) who[that]

考え方 (1) 「中国は長い歴史をもつ国です」。with には「～がある，～をもつ」の意味があることを確認。先行詞は「物」。
(2) 「私は私を手伝ってくれる女の人を必要としています」。上の文の to help me は直前の a woman を修飾する形容詞的用法の不定詞。先行詞は「人」。
(3) 「健と話している男の人を知っていますか」。上の文の talking ... は the man を修飾している現在分詞。先行詞は「人」。

4 答 (1) I have some friends who live in Hokkaido.
(2) Look at the dog which is running with Ken.
(3) I have a car that is made in Germany.
(4) The school which stands near the river is ours.

考え方 (1) 先行詞が複数であることにも注意。
(2) 先行詞は「動物」。
(3) 先行詞は「物」。
(4) 関係代名詞の節が文の主語を修飾。

5 答 (1) the boy who is playing the guitar
(2) a watch which is better than mine

考え方 (1) the boy が先行詞で，who が関係代名詞。
(2) a watch が先行詞で，which が関係代名詞。

6 答 (1) I know the boy who[that] has been to London many times.
(2) I have a dog which[that] swims very well.

考え方 (1) 先行詞が3人称・単数なので has を使うことに注意。
(2) この文の先行詞も3人称・単数。

セクション 6-2 関係代名詞②

▸▸▸ポイント確認ドリル P.81

1 答 (1) A (2) B (3) B (4) B
(5) A (6) B

考え方 主格のあとには動詞が続き，目的格のあとには〈主語＋動詞〉が続く。
(1) 「そこに立っている建物は私たちの学校です」
(2) 「あれはあなたが昨日買ったカメラですか」
(3) 「ポールが書いた曲は本当に美しい」
(4) 「パリはだれもが訪れたいと思う都市です」
(5) 「昨日ここに来た男の人は私のおじです」
(6) 「あなたが言うことは何でもします」

2 答 (1) イ (2) イ

考え方 主格・目的格に関係なく，関係代名詞は先行詞のあとに置く。
(1) 先行詞は the picture。
(2) 先行詞は the only book。

3 答 (1) This is the book which I read yesterday.
(2) Is that the man you saw in Paris?

考え方 (1) This is the book. ＋ I read it yesterday.
(2) Is that the man? ＋ You saw him in Paris. 関係代名詞が省略された形。

P.82・83

1 答 (1) ○ (2) × (3) ○ (4) ×

考え方 (1) 「これは今朝受け取った手紙です」
(2) 「これは今朝来た手紙です」
(3) 「私がそこで会った若い男の人が私にその知らせを教えてくれました」

(4) 「私は動物が好きでない人をたくさん知っています」

2 答 (1) 私はトムから借りた本をなくしてしまいました。
(2) それがあなたがした仕事のすべてですか〔あなたがした仕事はそれですべてですか〕。
(3) その図書館に私が希望していた〔私がほしかった〕本はありませんでした。
(4) 彼らはあなたが学校で教えている生徒たちですか。

考え方 それぞれ(省略されている)関係代名詞の先行詞は次のようになる。
(1) the book。 (2) all the work。
(3) the book。 (4) the students。

3 答 (1) which[that], took (2) gave
(3) he wrote (4) you know

考え方 (1) 「あの写真は大樹によって撮られました」→「あれは大樹が撮った写真です」
(2) 「私は, 久美によって私に与えられた時計をなくしてしまいました」→「私は久美が私にくれた時計をなくしてしまいました」
(3) 「これは昨日彼によって書かれた手紙です」→「これは彼が昨日書いた手紙です」
(4) 「彼女についてあなたが知っているのはそれだけですか」→「それがあなたが彼女について知っているすべてですか」

4 答 (1) Have you found the key which you lost yesterday?
(2) I want to see the pictures that your father took.
(3) The book you gave to me is very interesting.
(4) The boy you see in the park is not my brother.

考え方 (1) 「昨日なくした鍵(かぎ)を見つけましたか」
(2) 「私はあなたのお父さんが撮った写真を見たい」
(3) 「あなたが私にくれた本はとてもおもしろい」
(4) 「公園に見えている男の子は私の弟〔兄〕ではありません」

5 答 (1) the books which he wrote last year
(2) me the book you bought yesterday

考え方 (1) which の先行詞は the books。
(2) 関係代名詞が省略されている。省略された関係代名詞の先行詞は the book。

6 答 (1) Is this the[a] picture (which / that) you took in Kyoto?
(2) He is not[He isn't / He's not] the man[person] (that) I have[I've] wanted to see[meet] for a long time.

考え方 どの関係代名詞も目的格なので省略可。
(1) a を使うと何枚かあるうちの 1 枚ということを表す。
(2) 後半は, I have long wanted to see と副詞の long を使ってもよい。

セクション 6-3 関係代名詞③〔まとめ〕

ポイント確認ドリル P.85

1 答 (1) ウ (2) イ (3) ウ

考え方 (1) ア・イはともに疑問(代名)詞。ウは主格の関係代名詞。「今ギターを弾いている少年は私の兄〔弟〕です」
(2) アは疑問(代名)詞。ウは〈疑問詞(+名詞)+to ～〉の一部。イは目的格の関係代名詞。「これは 4 匹の中で私がいちばん好きなネコです」
(3) アは代名詞。イは既出の名詞のくり返しを避けるための that。that = the population。ウは目的格の関係代名詞。「これはメアリーが私に渡した手紙です」

2 答 (1) This is the man who wrote the book.
(2) This is the watch which I bought yesterday.
(3) Is this the magagine that you read?

考え方 (1) who は the man を先行詞とする主格の関係代名詞。
(2) which は the watch を先行詞とする目的格の関係代名詞。
(3) that は the magagine を先行詞とする目的格の関係代名詞。

P.86・87

1 答 (1) ウ (2) イ (3) ア (4) イ

考え方 (1) 「こちらはロンドンへ2回行ったことがある少年です」

(2) 「これはあなたが家で飼っているネコですか」

(3) 「これは上手に話せる鳥です」

(4) 「これは，私がその女性について知っているすべてです」。that の先行詞は all になる。

2 答 (1) 何かわからないことがありますか。

(2) こちらは私がこれまで見た中でいちばんかわいい赤ちゃんです。

(3) ゴルフとテニスは老いてまで楽しめるスポーツです。

(4) 彼を知っている人はだれも彼を信用し[信じ]ないでしょう。

考え方 (2) 先行詞に最上級がついているので that が使われている。この that のあとに使われる ever は，肯定文でも「これまで，今までに」の意味になる。

(3) 目的格の関係代名詞が省略されている。

(4) that は主格の関係代名詞。Nobody という代名詞が先行詞になっている。

3 答 (1) library (2) dictionary (3) doctor (4) money

考え方 (1) 「本が中にたくさんある建物で，本を読んだり借りたりすることができる」

(2) 「単語の意味がわからないときに使う本」

(3) 「病院で看護師とともに病人の面倒をみる人」

(4) 「店やレストランなどで支払うのに使うもの」

4 答 (1) I like girls who are kind to other people.

(2) This is a book which was written by Mr. White.

(3) The song which he is singing now is popular in Japan.

(4) Where is the shop that sells picture postcards?

考え方 (1) who は girls を先行詞とする主格の関係代名詞。

(2) which は a book を先行詞とする主格の関係代名詞。

(3) which は The song を先行詞とする目的格の関係代名詞。

(4) that は the shop を先行詞とする主格の関係代名詞。

5 答 (1) the boy that I met at the

(2) is the man you met yesterday

考え方 (1) that は the boy を先行詞とする目的格の関係代名詞。

(2) man のあとに目的格の関係代名詞 that が省略されている。疑問詞 Who で始まる疑問文の関係代名詞には that を使う。

6 答 (1) The computer (which / that) I am[I'm] using now is Tom's.

(2) Tell me anything (that) you know about him.

考え方 (1) now は am のあとに置いてもよい。

(2) 「何でも」を「すべて」と考えて anything の代わりに all でもよい。どちらが先行詞でも関係代名詞にはふつう that を使う。(1)・(2)ともに目的格になるので省略してよい。

まとめのテスト⑤ P.88・89

1 答 1 イ 2 ア 3 ア 4 イ 5 ア

考え方 1 「速く走ったけれども，その電車に間に合いませんでした」

2 「私が帰宅したとき，彼は熱心に勉強していました」

3 「犬と散歩している少年を見なさい」先行詞が「人」で，主格なので who。

4 「これは私が今まで読んだ中で最もおもしろい本です」。目的格の that。先行詞に最上級があることにも注意。

5 「スミスさんには野球の選手をしている息子さんがいます」。先行詞が「人」なので，who か that のどちらか。

2 答 1 今日はできるだけ早く家に帰りなさい〔帰宅しなさい〕。

2 あちらは私たちが昨日駅で見かけた〔会った〕男の人です。

考え方 1 as ～as possible で「できるだけ～」。

2 man のあとに目的格の関係代名詞が

省略されている。

3 答 1 before　2 while
3 As, as　4 after　5 not, but

考え方 1 「～する前」= before。
2 「～する間」= while。
3 「～するとすぐに」= as soon as ～。
4 「～したあとで」= after。
5 「～ではなく…」= not ～ but ...。

4 答 1 If　2 which[that] was
3 too, to　4 but, was　5 or

考え方 1 「急ぎなさい，そうすれば始発電車に間に合いますよ」→「もし急げば，始発電車に間に合いますよ」
2 「これはトムが昨日書いた手紙です」→「これは昨日トムによって書かれた手紙です」
3 「彼はとても疲れていたのでひと言も話せませんでした」。so ～ that — can't ... を too ～ to ... の構文にかえる。
4 「あなたも私も2人ともそのとき幸せでした」→「あなただけでなく私もそのとき幸せでした」。not only ～ but also ... の形にする。not only *A* but also *B* が主語に使われるとき，動詞の形は *B* に合わせることに注意する。
5 「もう起きなければ，学校に遅れますよ」→「もう起きなさい，さもないと学校に遅れますよ」

5 答 1 He ran so fast that I couldn't follow him.
2 This is the book that I am going to read next week.

考え方 1 as が不要。　2 who が不要。

6 答 1 I think (that) he will[he'll] come to the party tomorrow.
2 Do you know the man who[that] is talking with[to] my mother?

考え方 1 名詞節を導く接続詞 that は省略可。
2 先行詞が「人」で主格の関係代名詞。who[that] is をとると分詞が名詞を修飾する形になる。

まとめのテスト⑥　P.90・91

1 答 1 イ　2 ア　3 ア
4 イ　5 ア

考え方 1 「これは父によって与えられた辞書です」。先行詞が「物」で主格の関係代名詞。
2 「あなたは大学ではフランス語かドイツ語かのどちらかを学ばなければいけません」
3 「私には名古屋に住んでいるおじがいます」。先行詞が「人」で主格の関係代名詞。
4 「もし明日雨が降れば，私は出かけません」
5 「私は彼女が中国の出身だということを知りませんでした」

2 答 1 あなたがなくした(腕)時計はどちらですか。
2 彼の庭と私たちの庭の間には高いへい〔垣根〕があります。

考え方 1 that は the watch を先行詞とする目的格の関係代名詞。この文のように，疑問詞 Which で始まる文には主格・目的格に関係なく関係代名詞には that を使うのがふつう。
2 between ～ and ... で「～と…の間に」の意味。

3 答 1 ウ　2 エ　3 イ
4 ウ　5 オ

考え方 主格の関係代名詞のあとには動詞が続き，目的格の関係代名詞のあとには〈主語＋動詞〉が続く。

4 答 1 so, that　2 who[that] has

考え方 1 「この本は彼が読めるくらい簡単です」→「この本は簡単なので彼は読むことができます」
2 「青い目をした女の子をごらんなさい」。with (～を持っている) の内容を主格の関係代名詞と動詞 have で表す。

5 答 1 There are few people who[that] don't know this song.
2 He has written a book which[that] is very popular with us.

考え方 1 「この歌を知らない人はほとんどい

ません」

2 「彼は，私たちにとても人気の本を書きました」

6 答 1 Please come here as soon as you can.

2 I'll tell you all I know about it.

考え方 1 can't が不要。 2 who が不要。

7 答 1 I have a friend who[that] has been to New York three times.

2 Can you speak both English and French? —— Yes. I can.

考え方 1 先行詞が「人」で，主格の関係代名詞を使う。

2 「〜と…の両方とも」= both 〜 and ...。

セクション 7 5文型

ポイント確認ドリル P.93

1 答 (1) C (2) O (3) O (4) C (5) O (6) C

考え方 主語とイコールの関係なら補語，イコールの関係ではなく，動詞の動作の対象となるのは目的語。

(1) 「彼は年の割に若く見えます」

(2) 「私は昨日何もすることがありませんでした」

(3) 「彼は私におもしろい話をしてくれました」

(4) 「あなたの話は奇妙に聞こえます」

(5) 「たくさんの人が毎年京都を訪れます」

(6) 「明日は(今日よりも)ずっと寒くなるでしょう」

2 答 (1) play (2) show (3) give (4) buy

考え方 (1) 「彼らは日曜日には野球をします」

(2) 「私に地図を見せてくれませんか」

(3) 「あなたに私の古いコンピュータをあげましょう」

(4) 「彼は何を私に買ってくれるつもりですか」

3 答 (1) I'll make you a doll.

(2) We call him Ken.

考え方 (1) SVOO の第4文型の文。

(2) SVOC の第5文型の文。

P.94・95

1 答 (1) ウ (2) オ (3) イ (4) ア (5) エ

考え方 (1) S=train, V=stops。ウ S=bus, V=runs。

(2) S=He, V=became, C=member。オ S=I, V=feel, C=sleepy。

(3) S=father, V=grows, O=roses。イ S=She, V=bought, O=hat。

(4) S=I, V=gave, O(間)=brother, O(直)=dictionary。ア S=She, V=showed, O(間)=me, O(直)=way。

(5) S=People, V=call, O=monster, C=*Nessie*。 エ S=You, V=keep, O=hands, C=clean。

2 答 (1) 私はその英語の本を簡単に見つけました。

(2) 私はその英語の本が簡単だとわかりました〔その英語の本を読んでみたらやさしかった〕。

考え方 (1) SVO の第3文型の文。

(2) the English book=easy の関係にあることを確認しておこう。

3 答 (1) us math (2) to her (3) make, happy

考え方 (1) 「グリーン先生は私たちの数学の先生です」→「グリーン先生は私たちに数学を教えています」

(2) 「私は彼女に日本人形をあげました」。give には to を使う。

(3) 「彼女はその知らせを聞いて喜ぶでしょう」→「その知らせは彼女を喜ばせるでしょう」

4 答 (1) My father bought a bike for me.

(2) We have much rain in June.

考え方 (1) buy には for を使う。

(2) 書きかえた文の We は特定の人を指すのではなく，一般の人を指す。

5 答 (1) told them an interesting story

(2) made him very famous

(3) not leave the door open

考え方 (1) S=I, V=told, O(間)=them, O(直)=story。

(2) 「その本のおかげで彼はとても有名

になりました」がふつうの日本語。S=book, V=made, O=him, C=famous。
(3) S=You, V=leave, O=door, C=open。この open は形容詞。

6 答 (1) He did not[didn't] lend me the DVD[the DVD to me].
(2) His story sounds true.
(3) We call the black dog Max.

考え方 (1) S=He, V=lend, O(間)=me, O(直)=DVD。前置詞を使うときは to。
(2) S=story, V=sounds, C=true。
(3) S=We, V=call, O=dog, C=Max。

セクション 8-1 間接疑問文・付加疑問文・否定疑問文①

ポイント確認ドリル P.97

1 答 (1) where (2) when
(3) how (4) why (5) who
(6) which

考え方 疑問詞のもともとの意味を考える。

2 答 (1) this is (2) you are
(3) he wrote (4) you went

考え方 〈疑問詞+主語+動詞〉が基本形。
(1) 「私はこれが何か知っています」
(2) 「私はあなたがだれか知っています」
(3) 「私は彼がいつその手紙を書いたか知っています」
(4) 「私はあなたが昨日どこへ行ったのか知っています」

3 答 (1) I don't know where she lives.
(2) I know who she is.

考え方 (1) 〈疑問詞+主語+一般動詞〉の形。
(2) 〈疑問詞+主語+be動詞〉の形。

P.98・99

1 答 (1) エ (2) ウ (3) イ

考え方 疑問詞以下が動詞の目的語になるということは，疑問詞以下が名詞の働きをする文(=節→名詞節)になっている。

2 答 (1) 先週ここで何が起こったのかあなたは知っていますか。
(2) ヘレンが夏休みをどこで過ごしたかあなたは知っていますか。
(3) メアリーはいつもどってくるのだろう〔くるのかしら〕。
(4) 私は彼が今朝なぜ怒っていたのかわかりません。

3 答 (1) where, lives (2) what, means
(3) how, is

考え方 書きかえた文の意味は次の通り。
(1) 「久美がどこに住んでいるか知っていますか」
(2) 「私はこの単語が何を意味するか〔どんな意味か〕知っています」
(3) 「あなたは彼が何歳か知っていますか」。how old をひとつの疑問詞と考えればよい。

4 答 (1) Do you know where he bought the book?
(2) I want to know how you came here.
(3) Can you tell me who broke the window?
(4) I know when he is going to leave here.

考え方 (1) 「あなたは彼がどこでその本を買ったのか知っていますか」
(2) 「私はあなたがどうやってここに来たのか知りたい」
(3) 「だれが窓を割ったのか私に話してくれますか」
(4) 「私は彼がいつここを出発するつもりか知っています」

5 答 (1) don't know who went there
(2) know what he is going to do

考え方 (1) who を主語として使う。
(2) What is he going to do? がもとの疑問文になる。

6 答 (1) Do you want to know where she lives?
(2) I know why Tom got up early this morning.

考え方 (1) Where does she live? がもとの疑問文。
(2) Why did Tom get up early this morning? がもとの疑問文。

セクション 8-2 間接疑問文・付加疑問文・否定疑問文②

ポイント確認ドリル P.101

1 答 (1) you (2) he (3) she
(4) he (5) they

考え方 (1) 「あなたは大学生ですね」。主文の主語はもともと代名詞。そのまま使う。
(2) 「トムはいい生徒ですね」。トムは男性なので he。
(3) 「ジェーンは今ロンドンにいますね」。ジェーンは女性なので she。
(4) 「ホワイトさんはニューヨークの出身ですね」。Mr. は男性につくもの。
(5) 「健とボブは同じクラスですね」。主語は複数なので they。

2 答 (1) Aren't (2) Didn't
(3) Don't (4) Isn't (5) Doesn't

考え方 (1) 「あなたはそれを聞いてうれしくないのですか」
(2) 「あなたは昨日パーティーに行かなかったのですか」
(3) 「あなた(たち)は学校でフランス語を勉強しないのですか」
(4) 「これはあなたの新しいコンピュータではないのですか」
(5) 「彼はすしが好きではないのですか」

3 答 (1) This book is interesting, isn't it?
(2) Don't you know his name?

考え方 (1) This book は it で受ける。
(2) 否定疑問文になる。

P.102・103

1 答 (1) don't you (2) aren't they
(3) didn't she (4) is he

考え方 (1) 「あなたは中国語を上手に話しますね」。主文は一般動詞の現在の肯定文。
(2) 「彼らは大阪の出身ですね」。主文は be 動詞の現在の肯定文。
(3) 「ケートはその手紙を書いたのですね」。主文は一般動詞の過去の肯定文。Kate は女性なので she を使う。
(4) 「ボブはそんなに親切ではないのですね」。主文は be 動詞の現在の否定文。

2 答 (1) Didn't (2) Wasn't
(3) Aren't (4) Doesn't

考え方 (1) go と yesterday から一般動詞の過去の否定疑問文に。
(2) last year と動詞がないことから be 動詞の過去の否定疑問文に。
(3) listening と now から現在進行形の否定疑問文に。進行形には be 動詞が使われているので，be 動詞の否定疑問文の作り方と同じになる。
(4) move から一般動詞の否定疑問文に。文の内容から現在にする。

3 答 (1) あなたのお姉〔妹〕さんは泳げませんよね。── はい，泳げません。
(2) あなたはボブといっしょにその試合を見に行かなかったのですか。── いいえ，行きました。
(3) 彼がとても正直だとあなたは思わないのですか。── いいえ，(正直だと)思います。

考え方 主文が否定の付加疑問文でも否定疑問文でも，答えの文では答える内容が肯定なら Yes を，否定の内容なら No を使う。日本語の「はい」「いいえ」とは一致しない。

4 答 (1) No (2) won't (3) Yes

考え方 (1) 「あなたは真実を知らなかったのですね」―「はい，知りませんでした」
(2) 「二度と遅れないでしょうね」―「はい，遅れません」
(3) 「彼女はこの市に住んでいないのですか」―「いいえ，住んでいます」

5 答 (1) Ms. Ito is your English teacher, isn't she?
(2) You have been to England twice, haven't you?
(3) Aren't you busy now?
(4) Can't your brother play soccer?

考え方 (1) 「伊藤さんはあなたの英語の先生ですね」
(2) 「あなたは英国へ2回行ったことがあるのですね」。現在完了の付加疑問には have や has を使う。
(3) 「あなたたちは今忙しくないのですか」という疑問文を作る。
(4) 「あなたのお兄〔弟〕さんはサッカーが

できないのですか」という疑問文を作る。

6 答 (1) looked very sad, didn't she
(2) Didn't you sleep well last

考え方 (1) 主文に didn't を使うと，あとに続く動詞の原形がない。
(2) ? があるので否定文ではなく，否定疑問文にする。

7 答 (1) You can't[cannot] play the piano, can you? —— No, I can't[cannot].
(2) Didn't you see the movie? —— Yes, I did.

考え方 (1) 主文が助動詞 can の否定文になるので，付加疑問は肯定の形になる。
(2) see の代わりに watch でもよいが，映画を「見る」場合は see を使うことが多い。ただし，テレビで映画を見る場合は watch をよく使う。

まとめのテスト⑦ P.104・105

1 答 1 イ　2 ア　3 イ
4 イ　5 ア

考え方 1 「彼は教師になっています」。become の補語になっている teacher は名詞なので，冠詞が必要。
2 「敬子は今朝とても忙しそうでした」。look のあとの補語は形容詞。形容詞に冠詞は不要。
3 「父は私にいいカメラを買ってくれるでしょう」。(間接) 目的語になるので，代名詞は目的格にする。
4 「春には多くの鳥が楽しげに歌います」。〈SV〉の第1文型。動詞を修飾する副詞 merrily を選ぶ。
5 「その知らせはその少女を喜ばせました」。〈SVOC〉のCにくる語。補語には形容詞の happy。副詞の happily は補語になることはできない。

2 答 1 彼らがいつどこで野球をするつもりなのか私はわかりません。
2 この町には図書館はないのですか。——はい，1つもありません。

考え方 1 when も where も両方とも they will play baseball をしたがえていることに注意。
2 There are ～. (～がある) の文を否定疑問文にしたもの。

3 答 1 エ　2 ア　3 オ
4 ウ　5 イ

考え方 1 第1文型。「父は毎日一生けんめい働いています」。エ 「鳥の中には空を非常に高く飛べるものもいます」。
2 第2文型。「私の趣味は切手を集めることです」。ア 「空が突然くもりました」。
3 第3文型。「私たちは毎日水をたくさん使います」。オ 「彼女はアメリカの小説を読むのが好きです」。
4 第4文型。「あなたにその写真〔絵〕をお見せしましょう」。ウ 「あなたの家族について何か私たちに話してくれますか」。
5 第5文型。「彼は自分の犬をポチと名づけました」。イ 「彼はドアを開けたままにしておきました」。

4 答 1 him Fred　2 I, do

考え方 1 「彼の名前はフレッドです」→「みんな〔人々〕は彼をフレッドと呼んでいます」
2 「私は今何をすべきなのかわかりません」。〈疑問詞＋to ～〉を間接疑問文で表す。

5 答 1 She bought a new dictionary for her son.
2 Tom didn't understand the words, did he?

考え方 1 「彼女は息子に新しい辞書を買ってあげました」。buy には for を使う。
2 「トムはその単語がわからなかったのですね」。主文が否定文であることに注意。

6 答 1 The bad news made her sad.
2 Do you know how she came here?

考え方 1 became が不要。「～を…にする」の make を使う。
2 did が不要。

7 答 1 My mother will get well soon.
2 I know when she came to Japan,

but I don't[do not] know where she lives now.

考え方 1 soon の位置は will のあとや文頭でもよい。
2 前半も後半も間接疑問文になる。

まとめのテスト⑧ P.106・107

1 答 1 aren't you 2 did you
3 can't you 4 Didn't
5 Isn't 6 Wasn't

考え方 1 「あなたは英語を勉強しているのですね」
2 「あなたは昨夜テレビを見なかったのですね」
3 「あなたはその川を泳いで渡ることができるのですね」
4 「あなたはここにバスで来なかったのですか」—「はい，バスでは来ませんでした」
5 「彼は大学生ではないのですか」—「いいえ，大学生です」
6 「あなたがここに来たときに雨は降っていなかったのですか」—「いいえ，降っていました」

2 答 1 彼らは彼をテニス部の主将〔キャプテン〕にしました。
2 彼女は彼に新しいスーツを作ってあげました。

考え方 1 SVOC の文型で C(補語)に名詞がきている。
2 SVOO の文型。

3 答 1 イ 2 ア 3 ア

考え方 1・3 間接疑問文の〈疑問詞＋主語＋動詞〉の語順になる。
2 同じ間接疑問文でも，この who はもともと主語なので語順に変化はない。

4 答 1 to Jane 2 she came

考え方 1 give には to を使う。
2 間接疑問文に。「彼女がいつここに来たのか私は知りません」。

5 答 1 I found the book interesting.
2 You bought the dictionary yesterday, didn't you?

考え方 1 interesting が補語になる。
2 主文が一般動詞の過去の肯定文であることに注意。

6 答 1 You must keep your room clean.
2 Doesn't your father speak French?

考え方 1 leave が不要。 2 don't が不要。

7 答 1 He named his daughter Laura.
2 Kate can speak Japanese, can't she? —— Yes, she can.

考え方 1 SVOC の文型。
2 助動詞 can を使った付加疑問文。

セクション 9-1 いろいろな表現①

▸▸▸ポイント確認ドリル P.109

1 答 (1) be (2) should not
(3) would (4) to see
(5) would like (6) was

考え方 (1) should にかぎらず，助動詞のあとには動詞の原形が続く。
(2) should の否定形は should not。
(3) would like to ～は want to ～の控え目な表現。
(4) like は不定詞・動名詞どちらも目的語にとるが，この表現では不定詞だけ。
(5) would like のあとに名詞が続く形。
(6) 時制の一致で was になる。

2 答 (1) I would like to know her address.
(2) I thought that he was in Tokyo.

考え方 (1) to のあとには動詞の原形が続く。
(2) I think that he is in Tokyo. を過去の文にして，時制の一致をさせたもの。

P.110・111

1 答 (1) would, to (2) should be
(3) couldn't (4) Would you

考え方 (1) like の代わりに love を使うと意味が強調される。
(2) be 動詞の原形は be。
(3) can't の過去形は couldn't。
(4) Will you ～? をさらにていねいにしたもの。

2 答 (1) あなたはそんなに(たくさん)ケーキを食べるべきではありません。

(2)　(私は)支配人にお会いしたいのですが。

(3)　彼はできるだけ速く走りました。

(4)　私は彼は入院しているのだと思いました。

考え方 (1)　should の否定文になる。
(2)　イギリス英語では would の代わりに should を使うこともある。
(3)　He runs as fast as he can. を過去の文にしたもの。
(4)　I think that he is in the hospital. を過去の文にしたもの。

3 答 (1)　like　(2)　should　(3)　was

考え方 (1)「何か飲むものがほしいですか」―「ああ，冷たい飲みものがほしいですね」。would like のあとに名詞が続く形。
(2)「彼女のために私は何をすべきでしょうか」―「彼女には何も言うべきではありません〔何も言わないほうがいいでしょう〕」
(3)「彼女が先週アメリカにいたって知ってましたか」―「いいえ。日本にいると思ってました」

4 答 (1)　I thought that he was a careful driver.

(2)　He said that he would come to the party.

(3)　He said the game began at nine o'clock.

(4)　I heard that he could run as fast as an athlete.

考え方 時制の一致の問題。will や can などの助動詞がある場合は助動詞を過去形に。
(1)「彼は慎重な運転手だと思いました」
(2)「彼はパーティーに来ると言っていました」
(3)「彼は試合は9時に始まると言いました」
(4)「彼は陸上選手と同じくらい速く走れるということでした」

5 答 (1)　would like to have a cup of

(2)　know that he was in London

考え方 (1)「コーヒーを1杯いただきたいのですが」
(2)「彼がロンドンにいるとは知りませんでした」

6 答 (1)　You should visit the teacher tomorrow morning.

(2)　Did you think (that) he was right?

考え方 (1)　visit は should のあとに置く。
(2)　時制の一致を忘れないように。

セクション 9-2 いろいろな表現②

ポイント確認ドリル　P.113

1 答 (1)　have　(2)　don't have to

(3)　able　(4)　nothing　(5)　no

(6)　never

考え方 (1)　to があることに注意。
(2)　must not は「～してはいけない」。
(3)　is や to があることに注意。
(4)　nobody は人に使う。
(5)　〈no＋名詞〉の形になる。
(6)　not より強い否定には never を使う。

2 答 (1)　He is not always busy.

(2)　I have nothing to say.

考え方 (1)　not が always よりも先。
(2)　nothing を have の目的語にする。

P.114・115

1 答 (1)　able to　(2)　going to

(3)　Not every

考え方 (1)　be able to の文に。
(2)　be going to の文に。
(3)　部分否定の文。bird が単数なので all ではなく every を使う。

2 答 (1)　私は毎日2～3マイルを歩いたものでした。

(2)　その電車〔列車〕に乗りたければ（あなたは）急いだほうがいい。

(3)　ここでは雨はたくさん降りますが，雪はほとんど降りません。

(4)　今年は試験に落ちた生徒はほとんどいませんでした。

(5)　馬はすべて動物ですが，動物がすべて馬であるというわけではありません。

考え方 (1)　used to ～で「よく～したものだ」。
(2)　had better ～で「～したほうがいい」。
(3)・(4)　little，few に a がついていないと「ほとんど～ない」。

(5) not all ～で「すべてが～というわけではない」。

3 答 (1) take　(2) calling
(3) wrong

考え方 (1) 「こちらの安いほうはどうですか」―「ああ，いいね！　それをいただきます」
(2) 「どちらさまですか」―「ぼくですよ…あなたの息子！」
(3) 「そちらは123-9876ですか」―「いいえ。番号をおまちがいです」

4 答 (1) nothing　(2) wasn't

考え方 (1) 「そのころ私は日本について何も知りませんでした」
(2) 「彼はその川を泳いで渡ることができませんでした」。was not の短縮形を使って否定文にする。

5 答 (1) He had to come home early.
(2) He will be able to swim next year.

考え方 (1) have[has] to を過去形にする。「彼は早く帰宅しなければなりませんでした」
(2) be able to を will のあとに続ける。「彼は来年泳げるようになるでしょう」

6 答 (1) will have to wait for a few hours
(2) He had few friends and little

考え方 (1) will のあとに have to を続ける。
(2) few は数えられる名詞 friends の前に，little は数えられない名詞 money の前に使う。

7 答 (1) You don't[do not] have to buy the dictionary.
(2) My mother was not〔wasn't〕 very [so] happy.

考え方 (1) have の代わりに need でもよい。
(2) not very で「あまり～ない」の意味で，部分否定のひとつと考える。

セクション 10-1 仮定法過去①

▸▸▸ポイント確認ドリル P.117

1 答 (1) were　(2) rains　(3) were
(4) knew　(5) could

考え方 (1) 「私があなたなら，家にいるのだが」be 動詞は，主語が単数でもふつう were にする。
(2) 「明日雨が降ったら家にいます」この文は仮定法ではない。I'll は I will の短縮形で，if 節は単なる未来の仮定を表している。
(3) 「彼らがここにいたら，私は彼らと話ができるのだが」主語が they で複数を表すので，was が使われることはない。
(4) 「彼女の住所を知っていたら，彼女に手紙を書くのだが」一般動詞を過去形にする。
(5) 「たくさんお金があったらそのコンピュータが買えるのだが」

2 答 (1) イ　(2) イ　(3) イ
(4) ウ　(5) エ

考え方 (1) 「もっと若かったらあなたといっしょにそこへ行くのだが」
(2) 「もし私があなたの立場なら，私はそうはしないでしょう」if 節が後半にくる文。
(3) 「十分な時間があったらその問題が解けるのだが」
(4) 「お金がたくさんあったら外国へ行けるのだが」
(5) 「この町の地図があったら彼の家を見つけられるのだが」

3 答 (1) If he were here, I would be happy.
(2) If I had the book, I could read it now.

考え方 (1) if 節の主語は he。
(2) 主節は助動詞 could のあとに動詞の原形 read を続ける。

P.118・119

1 答 (1) 私が十分に裕福だったらその車が買えるのだが。
(2) 私に翼があったらあなたのところへ飛んで行くのだが。
(3) かぜをひいていなかったら，私はあなたといっしょにそこへ行くのだが。
(4) 彼がいいピッチャーだったら，私たちはこの試合に勝てるのだが。

考え方 (1) 実際は，裕福でないので買えないということ。
(2) 実際は，翼がないので飛んで行け

ないということ。
(3) 実際は，かぜをひいているので行けないということ。
(4) 実際は，いいピッチャーではないので勝てないということ。

2 答 (1) イ (2) ウ (3) エ (4) ア

考え方 (1)「もし太陽が輝かなかったら，どんなものも生きていられないだろう」
(2)「忙しくなかったら，彼はここにくるのだが」
(3)「雨が降っていなかったら，私は水泳に出かけるのだが」
(4)「彼女の電話番号を知っていたら，私は彼女に電話をかけるのだが」

3 答 (1) were, would (2) would, had
(3) were[was], could

考え方 (1) you にはもともと are を使うので，was になることはない。
(2) if 節が後半にきている。
(3) I なので were か was を使う。

4 答 (1) were[was], could
(2) studied, would be

考え方 書きかえた文の意味は以下の通りになる。
(1)「忙しくなかったら，私は自分の子どもたちと遊べるのだが」
(2)「熱心に勉強したら，あなたはいい生徒になれるのに」

5 答 (1) If it were not rainy
(2) could send your photo to

考え方 (1) if 節に be 動詞を使う。
(2) 助動詞の過去形 could のあとに動詞の原形 send を使う。

6 答 (1) If I had more money, I could buy this car. / I could buy this car if I had more money.
(2) She would be happy if she heard the news. / If she heard the news, she would be happy.
(3) If I were[was] you, I would study harder. / I would study harder if I were[was] you.

考え方 いずれも仮定法過去の文。if 節が後半にくる文では，if の前にコンマ(,)を打たないのがふつう。

セクション 10-2 仮定法過去②

▸▸▸ポイント確認ドリル P.121

1 答 (1) wish (2) were (3) was
(4) had (5) could

考え方 (1)「あなたがここにいてくれたらなあ」現在の事実と反する願望を表す文に hope は使えない。
(2)「彼らが今ひまだったらなあ」主語が複数なので was は使えない。
(3)「もっとずっと背が高かったらなあ」口語では were の代わりに was も使われる。
(4)「もっと時間があったらなあ」
I wish の文に現在完了形は使わない。
(5)「もっと速く走れたらなあ」助動詞の過去形のあとに動詞の原形を続ける。

2 答 (1) he were[was] (2) I knew
(3) could attend

考え方 (1)「彼が日本にいないのが残念です」→「彼が日本にいればなあ」
(2)「彼の電話番号を知らないのが残念です」→「彼の電話番号を知っていればなあ」
(3)「パーティーに主席できないのが残念です」→「パーティーに出席できたらなあ」

3 答 (1) I wish I had a new computer.
(2) I wish my grandmother were alive.

考え方 (1) 一般動詞 have を過去形にして使う。I'm sorry I don't have a new computer. が現実の状態。
(2) be 動詞を過去形にして使う。I'm sorry my grandmother is not alive. が現実の状態。

P.122・123

1 答 (1) (私が)もう少し背が高かったらなあ。
(2) (私が)そのコンピュータの使い方を知っていたらなあ。
(3) あなたは妹〔姉〕がいたらいいなとは思いませんか。
(4) 彼は父親と同じくらい速く走ることができればいいなと思っています。

考え方 事実関係の文の意味は次の通り。

(1) 「少し背が低いのが残念です」
(2) 「そのコンピュータの使い方がわからないのが残念です」
(3) 「妹〔姉〕がいないのが残念ではありませんか」
(4) 「彼は父親と同じくらい速く走ることができなくて残念に思っています」

2 答 (1) see (2) had
(3) were (4) stop

考え方 (1) hope to ～「～することを希望する」の文。仮定法の文ではない。hope を願望を表す仮定法の文に使うことはできない。
(2) she has more time to play という文をもとに考えてみよう。
(3) he is more popular among them という文をもとに考えてみよう。
(4) it will stop raining という文をもとに考えてみよう。

3 答 (1) wish, were〔was〕
(2) wish, had
(3) wish, could speak

考え方 (1) I am rich という文をもとに考えてみよう。主語が I なので was でもよい。
(2) I have two computers という文をもとに考えてみよう。
(3) I can speak French という文をもとに考えてみよう。

4 答 (1) wish Kate lived
(2) wish you could stay here

考え方 書きかえた文の意味は次の通り。
(1) 「ケイトが京都に住んでいればいいのになあ」
(2) 「あなたがここにもっと長くいられればいいのになあ」

5 答 (1) wish they would stop
(2) wish I could sing this
(3) wish I were with my girlfriend all the

考え方 (1) they will stop fighting という文をもとに考えてみよう。
(2) I can sing this song という文をもとに考えてみよう。
(3) I am with my girlfriend all the time という文をもとに考えてみよう。

6 答 (1) I wish I knew the way to the station.
(2) I wish I were〔was〕 stronger than you.

考え方 (2) be 動詞を過去形にして使う。

セクション 11-1 前置詞①

ポイント確認ドリル P.125

1 答 (1) him (2) me (3) saying
(4) skating

考え方 (1)・(2) 代名詞が前置詞の目的語になるときは目的格に。
(3)・(4) 不定詞は前置詞の目的語になることはできないので動名詞にする。

2 答 (1) B (2) A (3) A
(4) B (5) B (6) A

考え方 (1) 「テーブルの上の辞書」
(2) 「テーブルの上に置いた」
(3) 「この部屋で食べるな」
(4) 「このクラスの生徒」
(5) 「チョウに関する本」
(6) 「約10分前に来た」

3 答 (1) Travel by plane is expensive.
(2) What are you looking at?

考え方 (1) by plane は travel を修飾する形容詞句。
(2) look at ～で「～を見る」。at の目的語が What になる。

P.126・127

1 答 (1) エ (2) エ (3) オ

考え方 いずれも前置詞が後置される形。
(2) 主語になる The boy のあとに目的格の関係代名詞が省略されている。この関係代名詞が to の目的語になる。

2 答 (1) 黒い髪の毛の少女は私の妹〔姉〕です。
(2) 私はそこへ妹〔姉〕といっしょに行きたくありません。
(3) 私は何も書くことがありません。
(4) 私は何も書くもの〔筆記具〕がありません。

考え方 (3) write about ～で「～について書く」。

(4) write with ～で「～を使って書く」。

3 答 (1) for, in　(2) Where, from
(3) stayed at

考え方 (1) in the room は副詞句。
(2) Where が from の目的語。この文の Where は名詞的に使われている。
(3) hotel のあとに目的格の関係代名詞が省略されている。

4 答 (1) to, with　(2) in

考え方 (1) 「彼には話し相手がいません」
(2) 「理科は私が最も興味がある学科です」

5 答 (1) What was he looking for?
(2) Who is she talking with?

考え方 (1) 下線部は物。「彼は何を探していたのですか」
(2) 下線部は人。「彼女はだれと話しているのですか」

6 答 (1) is the letter from
(2) lot of friends to play with

考え方 (1) The letter is from Tom. の下線部を疑問詞にした疑問文と考える。
(2) play with ～で「～と遊ぶ」ということから考える。

7 答 (1) Who is he waiting for?
(2) The picture[pictures] (which / that) he is[he's] looking at is[are] very beautiful.

考え方 (1) Who が for の目的語。
(2) 目的格の関係代名詞は省略可。

セクション 11-2 前置詞②

▸▸▸ポイント確認ドリル　P.129

1 答 (1) at　(2) on　(3) for
(4) on　(5) under　(6) about

考え方 (1) 時刻の前には at。
(2) 日にちや曜日，特定の日の前には on。
(3) 期間の前には for。
(4) 壁と接触状態になるので on。天井でも接触していれば on を使う。
(5) 「～の下に」は under。
(6) 「～について」は about。学問的・専門的なものについては on を使うこともある。books on Japanese history (日本史に関する本)。

2 答 (1) School begins in April in Japan.
(2) Come back by seven in the evening.

考え方 (1) 「月」の前には in。比較的広い場所にも in。
(2) 「までに」と期限を表すのは by。evening[morning / afternoon]につく前置詞は in だが，特定の日の「夕方，朝，午後」になると，in ではなく on を使う。on Friday evening / on the morning of that day / on the afternoon of the 12th など。

P.130・131

1 答 (1) by　(2) on　(3) for
(4) at

考え方 (1) 「私はバスで学校へ行きます」/「10時までにそれを終えられますか」
(2) 「誕生日に私の家に来てください」/「机の上に辞書があります」
(3) 「私は6年間ここにずっと住んでいます」/「これはあなたへのプレゼントです」
(4) 「私は駅であなたを待ちましょう」/「学校は8時半に始まります」。日本語で「学校は8時半から始まる」とあっても，School begins at eight thirty. で from eight thirty とはしないことも覚えておこう。

2 答 (1) 新聞はドアのうしろにありますよ。
(2) 氷山の水面下の部分は水面上の部分よりはるかに大きい。
(3) 私は駅から1マイル以内(のところ)に住んでいます。
(4) そのお金は3人の兄弟の間で分けられました。

考え方 (1) behind(～のうしろに)と in front of ～(～の前に)は対にして覚えておこう。
(2) over the water だと氷山と水面が離れてしまうので使えない。
(3) within は「～以内に」の意味。
(4) among は3つ〔3人〕以上に使う。2つ〔2人〕には between を使う。

3 答 (1) with　(2) in　(3) in

考え方 (1) 「楽しい週末でしたか」—「はい。妹〔姉〕と買い物に出かけました」
(2) 「英語で書かれている本はどこで見つかりますか」—「すぐそこで見つかりますよ」
(3) 「私は長い間待たなければいけないのですか」—「あ,いや。すぐにもどります」

4 答 (1) before　(2) without saying
(3) During　(4) by car
(5) without

考え方 (1) 「私はテレビを見ました。そのあとで宿題をしました」→「私は宿題をする前にテレビを見ました」
(2) 「彼は何も言わずに立ち去りました」。without は前置詞なのでこのあとには動名詞を続ける。
(3) 「ロンドンに滞在中に私は多くの友だちを作りました」。while は接続詞なので文が続き,during は前置詞なので名詞(相当語句)が続く。
(4) 「ボブはふつう会社に(車を)運転して行きます」→「ボブはふつう車で会社に行きます」
(5) 「私たちはおなかがすきすぎてもう働くことができません」→「私たちは食べるものがなければもうこれ以上働くことはできません」

5 答 (1) is flying above the tree
(2) must return the book by Monday

考え方 (1) たこと木は接触状態にはないので on を使うことはできない。
(2) 「～までに」と期限を表すのは by。until[till](～までずっと)は前置詞と接続詞の用法があるが,by には前置詞としての用法しかないので,文を続けるときは by the time ～という形にする。

6 答 (1) Please wait for me until[till] five (o'clock). / Wait for me until[till] five (o'clock), please.
(2) Spring comes after winter.

考え方 (1) 継続を表すのは until[till]。
(2) after(～のあとに)は before(～の前に)と対にして覚えておこう。

まとめのテスト⑨ P.132・133

1 答 1 イ　2 イ　3 イ
4 ア　5 イ

考え方 1 would like to ～は want to ～の控え目な表現になる。
2 時制の一致で過去形に。
3 助動詞を2つ続けて使うことはできない。
4 時刻の前には at。
5 間接疑問文の語順に。

2 答 1 私はその会の会員〔クラブの部員〕をすべて知っているわけではありません。
2 黒い髪の女の子は中国の出身です。

考え方 1 not ～ all で部分否定になる。
2 with, from の意味に注意。

3 答 1 didn't have[need]　2 nothing
3 by　4 in　5 about

考え方 1 don't have to の過去の文。
2 「何も～ない」を1語で表すと nothing。
3 「～までに」と期限を表すのは by。
4 「～で,～たったら」と時間の経過を表すのは in。
5 「～について」は about。

4 答 1 not able　2 since

考え方 1 「彼は速く歩けませんでした」。be able to の過去の否定文にする。
2 「トムはこの前の8月に東京に来て,まだ東京にいます」→「トムはこの前の8月から東京にいます」。「～以来」と過去の開始時点を表すのは since。

5 答 1 Who was Tom talking with?
2 He said that he had a car made in Japan.

考え方 1 下線部は人を表しているので Who を使う。「トムはだれと話していましたか」
2 時制の一致で that 節の動詞も過去形に。「彼は日本製の車を持っていると言いました」

6 答 1 We had to work in the rain yesterday.
2 This is a nice house to live in.

考え方 1 must が不要。have to を過去形にして使う。yesterday は文頭でもよい。
2 on が不要。live in a nice house から考える。

7 答 1 There was little water in the glass.
2 He had to find something to sit on.

考え方 1 a のない little は「ほとんどない」の意味。数えられない名詞につく。数えられる名詞につくのは few。
2 「～にすわる」は sit on ～であることから考える。

まとめのテスト⑩ P.134・135

1 答 1 ア 2 イ 3 ア
4 イ 5 イ

考え方 1 「私はその町にほとんど友だちがいませんでした」。few は数えられる名詞につく。
2 「あなたは今日家にいたほうがいい」。had better ～で「～したほうがいい」。
3 「私は外国の切手を集めることに興味があります」。前置詞の目的語になるのは動名詞。
4 「彼はこの前の10月から日本にいます」。過去の開始時点を表すのは since。
5 「これは彼が住んでいる家です」。

2 答 1 彼らは全員，もう少し若ければなあと思っています。
2 空は私たちの頭の上にあり，地面は足の下にあります。

考え方 1 願望を表す仮定法過去の文。
2 over, under の対比に注意しておこう。

3 答 1 should 2 very[so]
3 no 4 between 5 for

考え方 1 「～すべきである」は should ～。
2 not very ～で「あまり～ない」。
3 この文の no は形容詞の働き。
4 「2つ」の間になるので among ではなく between を使う。
5 「～に賛成」は for。「反対」には against を使う。

4 答 1 nothing 2 during

考え方 1 「私は食べるものを何も持っていません」。not anything で nothing の意味。
2 「私はロンドン滞在中にホワイトさんを訪ねました」。while のあとには節が，during のあとには句が続く。

5 答 1 You will have to study French next year.
2 The man that Tom was speaking to was Mr. Hill.

考え方 1 「来年はあなたはフランス語を勉強しなければならないでしょう」。will と must を続けて使うことはできない。
2 「トムが話していた男の人はヒルさんでした」。that は to の目的語になる。

6 答 1 Not all American people like hamburgers.
2 My aunt in Paris doesn't know much about London.

考え方 1 no が不要。部分否定の文。
2 for が不要。「～について」は about。

7 答 1 I knew (that) he was a high school student.
2 Come here by five (o'clock). I will[I'll] wait for you until[till] then.

考え方 1 時制の一致で that 節の動詞は was になる。
2 by は「～までに」という期限を表し，until[till]は「～までずっと」と継続を表す。

総合テスト① P.136・137

1 答 1 △　2 ×　3 ○

考え方 1 [u:]と[u]。 2 [i:]と[ei]と[e]。
3 いずれも[ei]。

2 答 1 caught　2 would
3 teeth　4 hasn't　5 twelfth
6 better

考え方 1 原形と過去(分詞)形。
2 助動詞の原形と過去形。➲ 34
3 単数形と複数形。 4 短縮形。
5 基数と序数。 6 原級と比較級。

3 答 1 not, yet　2 known to[by]
3 how to　4 who[that]
5 had better　6 little

考え方 1 現在完了の「完了」の否定文。➲ 6
2 be known to ～の受動態。➲ 10
3 〈疑問詞＋to ～〉➲ 15
4 先行詞が「人」で主格の関係代名詞。➲ 22・24
5 連語で助動詞の働きをする。➲ 35
6 a がつかないことに注意。➲ 36

4 答 1 what to　2 possible

考え方 1 上は間接疑問文で，should は「～すべき」の意味。〈疑問詞＋to ～〉で表す。➲ 15・31・34
2 as ～ as one can ＝ as ～ as possible。「できるだけ～」。➲ 21

5 答 1 English is not[isn't] spoken in this country.
2 This English book is so difficult that I can't[cannot] read it.
3 This is the book which[that] he bought yesterday.

考え方 1 by ～は，「この国の人々」を指していることは明らかなので省略する。➲ 9
2 too ～ to ...で「あまりに～で…できない」の意味。➲ 18・21
3 先行詞が「物」なので which か that を使う。なお，目的格なので省略しても正しい文になる。➲ 25・26

6 答 1 It is difficult for me to answer the question.
2 I have taught English at this school for three years.

考え方 1 It は形式主語。of が不要。➲ 17
2 since が不要。➲ 3

7 答 1 I am[I'm] not interested in this book.
2 Who is[Who's] the boy (that is) talking with[to] my sister over there?

考え方 1 in を使うことに注意。➲ 10
2 (　)を省くと後置の現在分詞になる。疑問詞 Who があるから関係代名詞には that を使う。➲ 11・24

総合テスト② P.138・139

1 答 1 △ 2 ○ 3 ×

考え方 1 上の2つが[ɑ]。下が[ʌ]。
2 いずれも[au]。
3 [æ]と[ɔː]と[ei]。

2 答 1 putting 2 whose
3 hour 4 himself 5 late
6 feet

考え方 1 tを重ねる。
2 主格と所有格。
3 同じ発音をするもの。
4 再帰代名詞に。 5 反意語。
6 単数形と複数形。

3 答 1 ever seen 2 by
3 enough to 4 who[that]
5 want you 6 spoken

考え方 1 「経験」の疑問文。➲ 2
2 期限を表す前置詞。➲ 42
3 不定詞を使った表現に。➲ 18
4 先行詞が「人」で主格の関係代名詞。➲ 22・24
5 〈want ... to ～〉の形。➲ 16
6 後置の過去分詞。➲ 12

4 答 1 which[that] 2 able to

考え方 1 which[that]は目的格の関係代名詞。➲ 12・25・26
2 be able to ～の文にする。➲ 35

5 答 1 I thought that she would come to the party.
2 How long[How many years] has he studied English?
3 Was this computer used by him?

考え方 1 時制の一致を考える。➲ 34
2 「継続」の疑問文。➲ 4
3 受動態の疑問文。➲ 9・10

6 答 1 He asked me to wash the car.
2 Please tell me where to buy the book.

考え方 1 forが不要。➲ 16
2 buyingが不要。➲ 15

7 答 1 Please don't call me "Boku-chan." / Don't call me "Boku-chan", please.
2 Can you come[be] back in fifteen minutes?

考え方 1 〈SVOC〉の文。➲ 30
2 inの意味に注意。➲ 42

総合テスト③　P.140・141

1 答 1 △　2 ×　3 ○

考え方 1 上の2つが[θ]。下が[ð]。
2 [ou]と[ʌ]と[ɔ(:)]。
3 いずれも[ə:r]。

2 答 1 spoke　2 west　3 easy　4 leaf　5 twice　6 children

考え方 1 原形と過去形。 2 北⇔南，東⇔西。 3 反意語。 4 複数形と単数形。 5 「～回」の表し方。➡ 1
6 単数形と複数形。

3 答 1 As soon　2 sit on　3 was, surprised　4 not, but　5 too, to　6 this is

考え方 1 連語の従属接続詞。➡ 21
2 前置詞があとにくる。sit on ～で「～に腰かける，～にすわる」。➡ 41
3 by 以外の前置詞を使う受動態。➡ 10
4 連語の等位接続詞。➡ 20
5 too ... to ～の文。➡ 18
6 間接疑問文の語順に。➡ 31

4 答 1 to know　2 how to

考え方 1 原因を表す副詞的用法の不定詞を使う。➡ 14
2 〈疑問詞＋to ～〉を使う。➡ 15

5 答 1 You didn't consult the dictionary, did you?
2 How many times[How often] has he been to England?
3 Mother bought a new dress for me.

考え方 1 主文が過去の否定文。➡ 32
2 回数をたずねる言い方。➡ 2
3 buy には to ではなく for。➡ 29

6 答 1 Do you know who broke the vase?
2 He can speak not only English but also French.

考え方 1 did が不要。➡ 31
2 too が不要。➡ 20

7 答 1 Don't you know my address? —— No, I don't[do not].
2 The girl who[that] bought the dictionary is[was] not[isn't / wasn't] my sister.

考え方 1 否定疑問文にする。➡ 33
2 先行詞が「人」で，主格の関係代名詞。➡ 22・24

総合テスト④ P.142・143

1 答 1 △ 2 × 3 ○

考え方 1 まん中が[s]。ほかは[z]。
2 [id]と[t]と[d]。
3 いずれも[ʌ]。

2 答 1 men 2 under
3 easily 4 swimming
5 kept 6 scientist

考え方 1 単数形と複数形。
2 反意語。➡ 42
3 形容詞と副詞。
4 原形と現在分詞。
5 原形と過去(分詞)形。
6 「～する人」の意味の語に。

3 答 1 fond of 2 few
3 not, every 4 should not
5 can't you 6 found, interesting

考え方 1 前置詞のあとの動名詞に注意。➡ 13
2 not を使わない否定表現。➡ 36
3 部分否定。➡ 36
4 should の否定文。➡ 34
5 付加疑問文。➡ 32
6 〈SVOC〉の第5文型の文。➡ 30

4 答 1 interested in 2 Both, and

考え方 1 「アメリカの歴史は私にはおもしろい」→「私はアメリカの歴史に興味があります」と考える。➡ 10
2 「トムだけでなく私もコンサートに行きました」→「トムと私の2人ともコンサートに行きました」と考える。➡ 20

5 答 1 He told me to read the book.
2 It is impossible[It is not possible] for me to solve the problem.
3 He is tall enough to touch the ceiling.

考え方 1 tell ... to ～の形にする。➡ 16
2 impossible という形容詞を思いつけるかどうかがポイント。➡ 17
3 enough の位置に注意。➡ 18

6 答 1 I have not cleaned the room yet.
2 He has two cars made in America.

考え方 1 「完了」の否定文。already が不要。yet を not の直後に置いてもよい。➡ 6
2 後置の過去分詞。making が不要。➡ 12

7 答 1 The white house (which / that) you[we] can see over there is my uncle's.
2 I did not[didn't] know who was in the room.

考え方 1 which / that は目的格なので省略可能。また, see の前の can はなくてもよい。➡ 25・26・27
2 who 以下は間接疑問文の語順にするが, who は主語になっているので, もとのままでよい。また, was とするのは時制の一致のため。➡ 31・34

2401R5